Ursula Neumann
Ohne Jeans und Pille

Ursula Neumann

# Ohne Jeans und Pille

## Als „man“ noch heiraten mußte

Kreuz

Alle in diesem Buch enthaltenen Angaben, Daten, Ergebnisse etc. wurden von der Autorin nach bestem Wissen erstellt und von ihr mit größtmöglicher Sorgfalt überprüft. Gleichwohl sind inhaltliche Fehler nicht vollständig auszuschließen. Daher erfolgen die Angaben etc. ohne jegliche Verpflichtung oder Garantie des Verlags oder der Autorin. Beide schließen deshalb jegliche Verantwortung und Haftung für etwaige inhaltliche Unrichtigkeiten aus, es sei denn im Falle grober Fahrlässigkeit.

Die Deutsche Bibliothek – CIP-Einheitsaufnahme

**Neumann, Ursula:**
Ohne Jeans und Pille : als „man“ noch heiraten musste /
Ursula Neumann. – Stuttgart : Kreuz-Verl., 1994
ISBN 3-7831-1329-6

1 2 3 4 5 98 97 96 95 94


Postfach 80 06 69, 70506 Stuttgart, Tel.: 07 11-78 80 30
Umschlaggestaltung: Jürgen Reichert, Stuttgart
Umschlagbild: Werbeplakat Badekleider „Carusell“
Museum für Gestaltung Zürich, Plakatsammlung
Gesamtherstellung: Ebner Ulm
ISBN 3 7831 1329 6

# Inhalt

Für Johannes
einen der wenigen neuen Männer,
von denen das Land so viele bräuchte

Habe Mut, dich deines eigenen Verstandes zu bedienen! ist also der Wahlspruch der Aufklärung.

Faulheit und Feigheit sind die Ursachen, warum ein so großer Teil der Menschen, nachdem sie die Natur längst von fremder Leitung freigesprochen, dennoch gerne zeitlebens unmündig bleiben; und warum es anderen so leicht wird, sich zu deren Vormündern aufzuwerfen. Es ist so bequem, unmündig zu sein. Habe ich ein Buch, das für mich Verstand hat, einen Seelsorger, der für mich Gewissen hat, einen Arzt, der für mich die Diät beurteilt usw.: so brauche ich mich ja nicht selbst zu bemühen. Ich habe nicht nötig zu denken, wenn ich nur bezahlen kann; andere werden das verdrießliche Geschäft schon für mich übernehmen. Daß der bei weitem größte Teil der Menschen (darunter das ganze schöne Geschlecht) den Schritt zur Mündigkeit, außer daß er beschwerlich ist, auch für sehr gefährlich halte: dafür sorgen schon jene Vormünder, die die Oberaufsicht über sie gütigst auf sich genommen haben. Nachdem sie ihr Hausvieh zuerst dumm gemacht haben und sorgfältig verhüteten, daß diese ruhigen Geschöpfe ja keinen Schritt außer dem Gängelwagen, darin sie sie einsperrten, wagen durften: so zeigen sie ihnen nachher die Gefahr, die ihnen drohet, wenn sie es versuchen, allein zu gehen. Nun ist diese Gefahr zwar eben so groß nicht, denn sie würden durch einigemal Fallen wohl endlich gehen lernen; allein ein Beispiel von der Art macht doch schüchtern und schreckt gemeiniglich von allen ferneren Versuchen ab.

*Immanuel Kant, 1783*

# Vorwort

## *Für wen das Buch gedacht ist*

Zunächst einmal für mich und meinesgleichen.

Ich und meinesgleichen, das sind die Leute, die ungefähr gleich alt sind wie der erste Kinsey-Report (1949), für die es – wenn sie Mädchen waren – riskant war, in Hosen zur Schule zu kommen (manchmal wurden sie wieder nach Hause geschickt mit der Aufforderung, sich *ordentlich* anzuziehen), und die – wenn es sich um Jungen handelte – harte Kämpfe ausfechten mußten, wollten sie ihre Haare in Beatles-Länge wachsen lassen. Sprüche wie *Mit euch hätte man früher kurzen Prozeß gemacht!* waren da so selten nicht. Unsere bevorzugte Musik (ach, wie war sie harmlos!) nannten die Erwachsenen *Negermusik.*

Ich und meinesgleichen, das sind weiter jene Menschen, die sich noch erinnern können, daß keineswegs in jedem Haushalt eine Waschmaschine oder ein Fernseher standen. Und die Pille – 1961 in Deutschland eingeführt – war erst recht keine Selbstverständlichkeit. Noch Jahre später wurden Adressen von verschreibungsbereiten Ärzten unter Freundinnen ausgetauscht, und es hielt sich hartnäckig das Gerücht, nur Mädchen zweifelhaften Rufs nähmen *so was.*

Wir wuchsen auf, als es absolut undenkbar war, unverheiratet zusammenzuziehen. Es war nicht nur undenkbar, es war unmöglich. Keine Wohnung wurde an Leute unterschiedlichen Geschlechts ohne Vorlage des Trauscheins vermietet. Wir erlebten mit, wie sich das Schritt für Schritt änderte. Wir hörten von *Wohngemeinschaften,* manche zogen dort sogar ein und lösten damit in ihrer Umwelt die wildesten Phantasien über Gruppensex, Haschorgien und verlauste Bettwäsche aus.

Was weniger schlimm war als die Sperrung des elterlichen Schecks *(Solange du . . .).* Ich und meinesgleichen, das sind schließlich die Leute, die nicht merkten, daß der Spruch der 68er »Wer zweimal mit derselben pennt, gehört schon zum Establishment« nicht minder reaktionär und frauenfeindlich war als die Ausführungen unserer Väter und Mütter über den Wert weiblicher Jungfräulichkeit bei Eheantritt.

Aber dies ist kein Buch zum Behufe nostalgischer Erinnerung nach dem Motto *Weißt du noch, damals?.* Zweck des Buches ist vielmehr, mir und meinesgleichen durch Erinnern zu einem besseren Selbst-Verständnis zu verhelfen. Ich habe einiges angetippt, das wahrscheinlich vielen aus meiner Generation noch ganz gut im Gedächtnis ist. Aber das meiste haben wir vergessen, darunter vieles, was uns prägte.

Das Vergessen hat Konsequenzen: Wir werden von unserer Vergangenheit manipuliert. Uns manipulieren Sätze, die wir eingeimpft bekamen, Blicke, die wir spürten, Regeln, die nicht hinterfragt werden durften, das Lebensgefühl, das wir als Kinder und Jugendliche, als Mädchen oder Jungen hatten.

Ein ganz einfaches Beispiel dafür: Als 1971 erstmals eine Frau die Nachrichtensendung »heute« moderierte, stand Deutschland Kopf, und der Chefsprecher der Konkurrenz, Karl-Heinz Köpcke, sprach aus, was viele dachten: »Eine Nachricht verlangt vom Sprecher unterkühlte Distanz, Frauen aber sind emotionelle Wesen.«

Sicher ist nun nicht Herr Köpcke dafür haftbar zu machen, wenn Frauen noch heute Schwierigkeiten haben, sich laut und deutlich zu politischen Fragen zu äußern. Aber auch.

Die Erinnerung an die damals herrschende Atmosphäre hilft, daß wir wahrnehmen: Vieles, was wir uns als unseren individuellen Defekt anlasten, als persönliche Eigenart verstehen, ist etwas Erlerntes. Was aber gelernt wurde, kann auch wieder verlernt werden. Je mehr bewußt wird, daß wir nicht einfach *so sind,* sondern (auch) *so gemacht* wurden, um so leichter können wir uns ändern.

Das ist wichtig für uns selbst. Es ist aber mindestens genauso wichtig, wenn frau/man erzieht. Wer hier nicht nachfragt: *Warum erziehe ich auf diese Weise, warum tue ich mich da schwer und habe dort Hemmungen, warum bestehe ich auf diesem und jenem?*, gibt Gerümpel unbesehen an die nächste Generation weiter.

Um das Gerümpel in uns sinnvoll ausmisten zu können, ist es notwendig, die Herkunft der Einrichtungsgegenstände in unserem *inneren Haus* zu kennen. *Nichts wie raus mit dem alten Plunder!* – das ist genauso falsch (abgesehen davon, daß es unmöglich ist) wie das Horten auch noch des letzten Schrotts.

Bei der Unterscheidung zwischen *echt antik* und *Talmi* möchte dieses Buch helfen.

Aber es gibt noch einen zweiten Adressatenkreis.

Es ist jetzt wohl schon 30 Jahre her, da machte eine Schulkameradin ihrem Vater heftige Vorwürfe über die mangelhafte sexuelle Aufklärung, die sie von ihm erhalten hatte. Er antwortete: »Was willst du? Damals, als ich so alt war wie du, galt das Wort ›Hose‹ als unanständig.« Ich behielt das so gut im Gedächtnis, weil es mir eine erste Ahnung davon gab, daß auch die berechtigtste Forderung unberechtigt werden kann, wenn sie an jemanden gerichtet wird, der sie unmöglich erfüllen kann. Und dieser Vater – ich mochte ihn sehr – konnte seiner Tochter keine angemessene sexuelle Aufklärung geben. Beim besten Willen nicht. Über den eigenen Schatten kann man springen, aber es gibt Verkrümmungen, die bleiben einem ein Leben lang.

Wenn ich also darüber schreibe, wie es *bei uns* war, so möchte ich auch ein wenig *für uns* um Verständnis werben. Manches an uns ist sicher unmöglich, und in manchem tut die Generation, die wir erziehen, wirklich gut daran, wenn sie sich von uns nichts sagen läßt. In anderem allerdings auch nicht.

Auf alle Fälle: Ein bißchen Erbarmen haben wir verdient. So ganz freiwillig sind wir nicht so geworden, wie wir sind.

## *Wogegen dieses Buch gedacht ist*

Dies ist ein Anti-Autoritäten-Buch.

Ich glaube, ich kann nur einen geringen Teil der Wut vermitteln, die mich erfüllt, wenn ich an all die Autoritäten denke, die groß getönt haben, *es ist wissenschaftlich erwiesen, es ist Gottes Wille, nach Recht und Gesetz,* und die sich hinterher verkrümelten, hinter dem *Zeitgeist,* dem sogenannten, versteckten.

»Was ihr den Geist der Zeiten heißt,
Das ist im Grund der Herren eigner Geist«,

meint trefflich Goethe.

Was mir bei der Vorbereitung dieses Buches an Unsinn begegnet ist aus der Feder hochangesehener Forscher und höchster Richter, aus dem Mund von Erzbischöfen und Oberkirchenräten, . . . von den Politikern wollen wir gar nicht reden, das geht auf keine Kuhhaut. Sicher, es gab auch Ausnahmen. Aber die waren sehr dünn gesät.

Wie die meisten sich in den Dienst einer nicht eben menschenfreundlichen Ideologie stellten, wie sie ihre Stellung benutzten, um diese Ideologie zu stützen – in serviler Beflissenheit die einen, besorgt um Erhalt und Mehrung eigener Macht die andern –, wieviel Dummheit da versammelt war, das verdient nur eins: der Lächerlichkeit preisgegeben zu werden.

Aber das wäre zuwenig. Die meisten Autoritäten von damals sind tot. (Manche übrigens nicht. Es gibt den einen oder anderen, der heute noch munter publiziert und hohes Ansehen genießt, aber sicher peinlich berührt wäre, würde er auf das angesprochen, was er vor dreißig Jahren von sich gab.) Neue Autoritäten sind nachgewachsen. Und nichts, aber auch gar nichts berechtigt uns zu der Hoffnung, daß die neuen Autoritäten irgendwie gescheiter, weniger ideologiebehaftet oder gewissenhafter wären als die alten.

Wenn dieses Buch dazu beitragen könnte – kaum wage ich es zu hoffen –, daß die eine oder der andere sorgfältiger überlegt, wem er/sie Respekt erweist und Glauben schenkt, wenn es nur ein bißchen dazu helfen würde, daß auf die beeindrukkenden Sätze *Es ist (wissenschaftlich) erwiesen* oder *Es ist geoffenbarte Wahrheit* unbeeindruckt geantwortet würde: *Ach wirklich?*, dann wäre ich zufrieden.

Inzwischen hat das Buch noch eine Stoßrichtung bekommen, an die ich zunächst gar nicht denken konnte, weil es um eine noch recht junge Entwicklung geht.

In Deutschland ist eine Nostalgie ausgebrochen. Die Jahre vor 1968 werden zur guten alten Zeit: *Zurück zu den alten Werten,* lautet der Ruf; es müsse wieder mehr erzogen und mehr gehorcht werden und so weiter. Für das gesamte heutige Unheil, vom Drogenkonsum über den Rechtsradikalismus bis zur Wohlstandsverwahrlosung, werden Egoismus (vornehmlich jener der berufstätigen Frau) und Individualismus haftbar gemacht, die Konfliktpädagogik und die fehlende Erziehung zum Respekt vor Autoritäten. Selbst einige Alt-68er gehen im Büßergewand einher. Gerade so, als ob Skinheads das typische Endprodukt einer Sozialisation durch antiautoritäre Kinderläden seien.

Man kann natürlich jede Meinung vertreten. Warum also nicht auch die, daß es *früher* viel besser war. Aber wer nebulös den Weg zurück zu den *alten Werten* weist, der sollte es nicht so einfach gemacht bekommen. Sondern der sollte gezwungen werden zu sagen, was er damit genau meint und wohin genau er zurück will. Wie es damals war, als noch die *alten Werte* galten, zeigt dieses Buch. Es mag Leute geben, die dahin zurück wollen. Ich auf alle Fälle will es nicht.

Hierher gehört noch ein Wort der Entschuldigung und Erklärung: Dies ist das Buch einer Westdeutschen. Das hat auf keinen Fall etwas mit der typischen Wessi-Manier zu tun, die eigene Geschichte als die Geschichte schlechthin zu nehmen und das, was *drüben* geschah, zu vergessen oder zu unterschlagen. Ich habe immer wieder überlegt, ob ich nicht auch die DDR-Geschichte mehr berücksichtigen müßte, tatsächlich habe ich auch manchmal über den Gartenzaun geschaut. Zu mehr hat's aber nicht gereicht. Mein Eindruck war, daß es auf der einen Seite überraschend viele Parallelen gab, auf der anderen Seite aber doch gravierende Unterschiede. Inzwischen meine ich, daß dieser Mangel meines Buches nicht durch mich beseitigt werden kann, sondern nur durch eine Ostdeutsche, die dann auch wirklich wüßte, wovon sie schreibt.

## *Die Geschichte dieses Buches*

Außer Menschen haben auch Bücher eine Geschichte. Und auch Bücher werden besser verstanden, wenn man ihre Geschichte kennt.

In meinem Buch zur Sexualerziehung »Vom ersten Schrei zur ersten Liebe« habe ich betont, daß Erziehung mit der erziehenden Person untrennbar verknüpft ist und es daher wichtig sei, sich selbst zu kennen.

Das ist nicht nur eine Frage der Kenntnis der individuellen Herkunftsgeschichte, sondern dazu gehört auch die Kenntnis der gesellschaftlichen Bedingungen, unter denen man/frau aufwuchs.

Ich merkte, wie wenig ich davon wußte. Und ich nahm an, daß es anderen genauso geht. Ich begann zu lesen. Ich las Benimmbücher und theologische Wälzer. Ärztliche Abhandlungen und Abhandlungen über Ärzte. Gerichtsurteile über die Verbreitung unzüchtiger Schriften und Grundgesetzkommentare. Protokolle von Bundestagsdebatten und repräsentative Umfragen über das Sexualleben der Deutschen. Traktätchen zur Sexualerziehung und Richtlinien der Kultusministerien zum selben Thema. Werke über das Wesen der Frau und das Wesen des Mannes. Soziologische Untersuchungen über berufstätige Frauen und Festvorträge über den Wert der Familie. Hinweise für Ärzte zur Verschreibung der Pille und flammende Appelle gegen die *Abtreibungsseuche.* Ich las über Kindersexualität, Jugendsexualität, Homosexualität, Heterosexualität, über die christliche Ehe und die weniger christliche. Ich las den »Spiegel« aus jener Zeit und das Amtsblatt der Erzdiözese Bamberg. Ich befragte meine Haushaltshilfe und meine Nachbarin, meine Freundin und meine Kollegin.

Und dann schrieb ich und schrieb. Als ich auf Seite 219 und Anmerkung 460 angekommen war und sich ein Ende noch lange nicht abzeichnete, wurde mir blümerant zumute. Ich schickte die 219 Seiten samt den 460 Anmerkungen an meine Lektorin.

Wenige Tage später rief sie mich an: »Liebe Frau Neumann«, meinte sie, »das ist wirklich ein gutes Manuskript.« Pause. »**Wirklich** ein gutes Manuskript für einen Verlag, dessen wissenschaftlicher Ehrgeiz ebenso hoch ist wie die Höhe der unverkäuflichen Restauflage seiner Bücher. Darf ich Sie jedoch darauf aufmerksam machen, daß Ihr Buch in einem Verlag erscheinen soll, dessen wissenschaftlicher Ehrgeiz vielleicht um ein Weniges geringer ist, der jedoch beabsichtigt, die Bücher, die er druckt, auch zu verkaufen. Was wohl auch in Ihrem Interesse sein sollte.« Ja. So war das. Oder so ähnlich jedenfalls. »Aber ich muß doch belegen, was ich behaupte. Sonst glaubt das kein Mensch. Das hält doch niemand für möglich!« jammerte ich, »und all die schönen Zitate.«

Es half nichts. Ich fing noch mal von vorne an. Was nun folgt, ist das Ergebnis.

# Aufklärung

»Später können Fragen folgen, die die Eltern oft in arge Verlegenheit bringen: ›Wie kommen denn die Kinder in den Bauch der Mutter?‹ Aus dem Buch von Wrage . . . entnehme ich die auch mir einleuchtende sachlich-knappe Antwort: ›In Muttis Bauch warst du schon immer als ganz kleines Ei . . .‹ In der späteren Entwicklungszeit, etwa um das 12. bis 15. Jahr . . . werden . . . Fragen zum Geschlechtsverkehr, zum Verheiratetsein gestellt . . . Hier hat man eindeutig zu antworten, daß der Geschlechtsverkehr eine natürliche Handlung ist, die zum Verheiratetsein gehört, aus Liebe und Zuneigung geschieht und nicht nur erfolgt, um Kinder zu zeugen. Die Kinder im Alter von 12 bis 15 Jahren sollen wissen, daß das Zusammenführen von Scheide und männlichem Glied Lustgefühle auslöst. Sie sollen aber ebenso nachhaltig darüber belehrt werden, daß das Herbeiführen solcher Gefühle u. U. sehr schwerwiegende Folgen haben kann. Nicht immer wird durch Vorbeugemittel – auch hierauf sollte man schon im Pubertätsalter hinweisen – eine Schwangerschaft zu verhindern sein.«

*Dr. Dr. med. Freytag, 1971**

Aufklärung ist niemals ideologiefrei. In einem angeblich rein sachlichen Sexualkundebuch steckt genausoviel Ideologie wie in einer frommen Aufklärungsbroschüre. Im einen Fall wird zu einem Sexualitätsverständnis erzogen, bei dem Hormonausschüttungen entscheidend und Gefühle zweitrangig sind, im anderen Fall geht es um ein Sexualitätsverständnis, in dem

* Dr. Dr. med. Werner Freytag, Sex – Ehe – Gesellschaft. Ein Handbuch aus ärztlicher Sicht, Verlag Herder, Freiburg – Basel – Wien 1971, 40 f.

Lust und persönliche Befriedigung nichts und die gottgewollte Erzeugung von Nachkommenschaft alles ist.

Wenn wir aber um Ideologie nie herumkommen, sollten wir bedacht sein, in wessen Hände wir uns begeben. Das ist Erwachsenen möglich, Kindern nicht. Kinder sind ausgeliefert.

Als die heutigen Eltern Kinder waren, befand sich die Aufklärungsliteratur fest in kirchlicher Hand. Das heißt: Sexualerziehung bedeutete Verbote, Ängste, Schuldgefühle, Triebunterdrückung und – wenig Information.

Selbst die wenigen nicht konfessionell ausgerichteten Autorinnen und Autoren waren fest eingebunden in die herrschende Sexualmoral. So schreibt Anne-Marie Durant-Wever (die zweite Vorsitzende von pro familia!) in ihrem ansonsten für damalige Zeiten (1959) geradezu sensationell progressiven Büchlein »Sagt uns die Wahrheit«: »Nun aber noch eine Warnung: laß dich nie von einem Mann anrühren ... Damit will ich natürlich nicht den Tanz oder Sport mit Jungens ausschließen. Männer sind anders veranlagt als Frauen. Bei ihnen ist das Drängen nach Vereinigung sehr viel früher und sehr viel stärker vorhanden als beim Mädchen. Sie haben ja auch nicht die große Verantwortung ihrem Körper gegenüber, wie sie ein Mädchen hat. Ein Mädchen darf nie vergessen, daß ihr die schönste und heiligste Aufgabe im Leben, nämlich die Mutterschaft, zuteil werden kann, und daß sie sich für diese Aufgabe bewahren muß.«[1] Da ist so ziemlich alles beisammen, was damals dazugehörte: Die Warnung vor der Sexualität (und den Männern!), die Verschiedenartigkeit männlicher und weiblicher Sexualität, die Reduktion mindestens der weiblichen Sexualität auf die Fortpflanzung. Aber wie gesagt, was Durand-Wever schrieb, ist noch gar nichts im Vergleich zu dem, was in der Mehrzahl der Schriften stand. Da wurde *Liebe* so chemisch gereinigt, daß von Sexualität nicht die Spur mehr zu finden war. »Liebe contra Sex« hieß ein Titel, und wir brauchen nicht lange zu raten, auf welche Seite sich der Autor schlug. Anderswo war zu lesen: »Wer sich also für die Liebe bereit und fähig machen will, der muß lernen, von sich selbst zu lassen, der muß lernen, zu verzichten, zu opfern, sich hinzugeben im Dienst der anderen.«[2] Das war genau die Information, die Pubertierende suchten, wenn sie sich über Sexualität kundig machen wollten!

Das Wichtigste sei die Erziehung zur »selbstlos dienenden Liebe«, meinten die deutschen Erzbischöfe und Bischöfe in ihren sexualpädagogischen Richtlinien von 1965, und selbige lerne ein junger Mensch nur, wenn man ihn lehre, sich selbst in Zucht zu nehmen.[3] Dienst, Selbst-losigkeit, Selbst-beherrschung, Zucht, Gehorsam: auf diese Begriffe werden wir in den folgenden Kapiteln immer wieder explizit oder implizit stoßen. Das ist kein Zufall. Es ging nicht darum, Kinder zur Selbst-Ständigkeit und zu Selbst-Bewußtsein zu erziehen, sondern zur Unterordnung und zum Gehorsam. Sie sollten sich möglichst leicht in Dienst nehmen lassen. Die Sexualität ist nun der Bereich, der sich dagegen am heftigsten wehrt. Zwar ist es schwierig, Menschen dazu zu bringen, im Geschlechtsverkehr eine karitative Veranstaltung zu sehen, aber die Mühe lohnt sich: Wer die Sexualität der Menschen in den Griff bekommen hat, hat sie fast ganz in der Hand. Besonders von Frauen wurde die ihnen teilgewordene *Aufklärung* so gut verinnerlicht, daß sie von eigener Lust nichts mehr wußten und nichts mehr wissen wollten. Beigetragen dazu haben Sätze wie der folgende: »Bei einer edlen Frau (schweigt) der Trieb nach der körperlichen Vereinigung und dem damit verbundenen Lusterlebnis im allgemeinen fast ... und statt dessen (steht) der Wunsch nach seelischer Hingabe und nach dem Kinde im Vordergrund.«[4] Selbstverständlich der Wunsch nach dem ehelichen Kind: »Liebe lernen für die Ehe«, dieser Titel einer Broschüre war Programm für alle. Voreheliche Sexualität, in welcher Form auch immer, war Sünde, schädlich, führte ins Unglück usw. »Der unrechte Kuß macht es (das Mädchen) billig und abgegriffen. Er hat etwas Zerstörerisches an sich.«[5] Manchmal zerstört dergleichen das ganze Leben: »Es könnte auch sein, daß du durch eine Sünde dir einen Mann ›sicherst‹, der das Kreuz deines Lebens wird, während der gute, von Gott dir bestimmte Mann dir dann versagt bleiben muß, weil du nicht mehr frei bist.«[6]

Bei den Jungen drohen andere Gefahren. Vor allem die Onanie. »Viele Jungen leben in verhängnisvoller Unwissenheit hinsichtlich der Grundtatsachen des geschlechtlichen Lebens. Solche, die früh verführt, der unkeuschen Sünde frönen, sind oft unbelehrt in den Sumpf geraten. Manch einer versicherte mir, daß er gewiß nicht gefallen wäre, hätte er früher die rechte Einsicht gehabt.«[7] Die Schädlichkeit der Onanie als »Grundtatsache des geschlechtlichen Lebens«! Wenn man Aufklärung als Angstmachen vor tatsächlichen oder erfundenen Gefahren definiert, dann war sie in der Tat umfassend: »Übrigens rächt sich jede Art von Verstößen auf diesem Gebiet auf die Dauer irgendwie.« – »Es ist sicher, daß sich jede Verführung bitter rächt.« – »Aber wir müssen euch auf die Gefahren aufmerksam machen, die damit verbunden sind: Gefahren für eure Gesundheit und eure Seele, Unheil für unsere Familien und unser Volk.«[8]

*Informationen* über die Gefahren, die durch sexuelle Lust drohten, waren großgeschrieben, die Information über schiere Fakten dagegen ganz klein. Dies war sicher nicht unbeabsichtigt. Ein Beispiel für die Vorenthaltung von Wissen lieferte das Eingangszitat: Die Beteiligung der Männer an der Entstehung von Kindern fällt schlicht unter den Tisch. Das Kind war schon immer im Bauch der Mutter. Basta. In einer Umfrage von 1967 über das »Sexualwissen der Jugend« gaben dann auch die Hälfte der Mädchen und immerhin noch ein Drittel der Jungen an, mit zwölf Jahren noch nicht gewußt zu haben, daß zwei Leute dazu gehören, um ein Kind zu zeugen.[9] Auf die Frage »Wie hat man Ihnen zuerst die Herkunft der Kinder erklärt?« antworteten weit über 60% der Befragten: »Mit dem Klapperstorch«, über 15% waren dahingehend informiert worden, es handle sich um ein Geschenk Gottes.[10] Der Autor dieser Studie bat schließlich Jugendliche zwischen vierzehn und achtzehn Jahren, 31 Fragen zur Sexualität zu beantworten. Bei den Achtzehnjährigen lag die Trefferquote bei den Jungen bei knapp zehn, die Mädchen brachten es durchschnittlich gar nur auf vier richtige Antworten.

Dieses niederschmetternde Ergebnis war bei den maßgeblichen Autoritäten (und dazu zählten auch viele Eltern) nicht unerwünscht, waren sie doch überzeugt, je weniger man die jungen Leute sexuell aufkläre, um so weniger beschäftigten sie sich mit diesen Dingen. Außerdem ersparte Verschweigen manch »arge Verlegenheit«.

Wenn wir allerdings das Ergebnis der obigen Befragung in größerem Zusammenhang sehen, relativiert es sich: 1969 wurden Hausärzte (zugegeben: nicht in der Bundesrepublik, sondern in den Niederlanden – aber ich glaube nicht, daß das einen großen Unterschied macht) über ihre Kenntnisse zu sexologischen Problemen und zur Empfängnisverhütung befragt. Von elf Fragen zur Sexualität wurden durchschnittlich nur sieben richtig beantwortet; bei sieben einfachen Fragen zur Empfängnisverhütung lag die Trefferquote bei zweieinhalb.[11] Aber damit nicht genug: Die Ausbildung der Mediziner war (?) so, daß sie ihre Kenntnisse über Sexualität besser aus der Bunten Illustrierten beziehen konnten. Eine Befragung zur sexualmedizinischen Ausbildung an – diesmal deutschen – Universitäten erbrachte 1971, daß die Sexualität der Frau lediglich im Zusammenhang mit Schwangerschaft und Geburt von Interesse war. Zehn von zweiundzwanzig Direktoren von Universitätskliniken nannten überhaupt keine Literatur zur Sexualität der Frau (»Es ist mir keine Literatur über die Sexualität der Frau bekannt, die ich uneingeschränkt empfehlen könnte.«), andere nannten nur Werke zur Empfängnisverhütung (z. B. Knaus aus dem Jahr 1933), so daß insgesamt nur neun Frauenkliniken »bereit oder in der Lage« waren, den angehenden Medizinern einschlägige Werke zu empfehlen. Wobei darunter auch van de Veldes *Die vollkommene Ehe* aus dem Jahre 1926 gezählt wurde.[12]

Fazit: Was Sie schon immer über Sex wissen wollten – Ihr

Arzt wußte es auch nicht. Aber das war kein Hinderungsgrund, diese Wissenslücken als *gesicherte wissenschaftliche Erkenntnis* in der Sprechstunde an den Mann und die Frau zu bringen. Und manche machten sogar ein Buch daraus.

1 Anne-Marie Durand-Wever, Sagt uns die Wahrheit! Eine Ärztin erklärt ihren Enkeln die Wunder der Zeugung, Franz Decker Verlag Nachf., Schmiden bei Stuttgart 1959, Heftbeilage 2, S. 13
2 Otto Goldmann, Alles spricht von Liebe, Limburg $^{2}$1962, S. 26
3 Willy Bokler und Heinz Fleckenstein (Hg.), Die Sexualpädagogischen Richtlinien in der Jugendpastoral, Matthias-Grünewald Verlag Mainz 1967, S. 11
4 Zitiert nach Hannes Schwenger, Antisexuelle Propaganda. Sexualpolitik in der Kirche, Rowohlt Reinbek 1969, S. 17
5 Klemens Tilmann, Damit du Bescheid weißt, Recklinghausen $^{6}$1962, S. 39
6 S. Pauleser, Ehe um jeden Preis? Gedanken für alle, die eine Ehe beabsichtigen, Miltenberg $^{3}$1961, S. 9
7 Zitiert nach Christa Rohde-Dachser, Struktur und Methode der katholischen Sexualerziehung, Ferdinand Enke Verlag Stuttgart 1970, S. 53
8 Zitiert nach Christa Rohde-Dachser, a.a.O., S. 93 und 92
9 Heinz Hunger, Das Sexualwissen der Jugend, 3. überarbeitete Auflage, Ernst Reinhardt Verlag München/Basel 1967, S. 96
10 Heinz Hunger, a.a.O., S. 85
11 Ben S. Witte, Stiefkind Sexualität, in: Sexualmedizin 2. Jahrgang 1973, S. 292–293
12 Bernd Meyenburg und Volkmar Sigusch, Sexualität der Frau und Gynäkologie. Eine Umfrage zur sexualmedizinischen Ausbildung, in: Sexualmedizin, 2. Jg 1973, S. 382–385

# Autorität

»Die Kirche aber ist das Lebensprinzip der menschlichen Gesellschaft. Ihr Verständnis von Autorität und Gehorsam wirft ein klärendes Licht auf die Fragen von Autorität und Gehorsam im menschlichen Zusammenleben überhaupt. Dieses Licht leuchtet aber vor allem auf in der christlichen Ehe. Die ersten, in deren Bewußtsein es fällt, sind die Kinder dieser Ehe. An ihren Eltern lernen sie für ihr ganzes Leben, was Autorität und Gehorsam ist ... entfällt das Erlebnis der Autorität des Vaters gegenüber der Mutter ... so wird das zu einer erheblichen Erschwerung des rechten Verhältnisses zu jeder Autorität unter Erwachsenen in ihrem späteren Leben führen; entfällt das Erlebnis des Gehorsams der Mutter gegenüber dem Vater, so bringt das eine nicht minder erhebliche Erschwerung des rechten Verhältnisses zu jeder Gehorsamspflicht im späteren Leben mit sich. Von Jugend auf wird eine individualistische Grundeinstellung die richtige Entfaltung ihrer Sozialanlage verzerren, ihre Kontaktfähigkeit, ihre Ergänzungsfähigkeit gegenüber anderen herabsetzen.«

*Hans Hirschmann S. J., 1953**

Dieser Text des Jesuiten und führenden Mitglieds der bischöflichen Kommission für die Fragen der Familienrechtsreform wirft ein klärendes Licht auf das Demokratieverständnis der katholischen Kirche und ihre Stellung zur Frau. Nein, wider Erwarten folgt jetzt nicht die Einschränkung der *katholischen Kirche von damals.* Denn überall, wo die gesell-

* Hans Hirschmann, Der Mann – Das Haupt der Frau, in: Geist und Leben, 26, 1953, 39–43, 43

schaftlichen Verhältnisse es zulassen, verkündet sie nichts anderes als Hirschmann vor vierzig Jahren. Ihre derzeitigen restaurativen Bestrebungen in Polen mögen jedem/jeder (Leicht-)Gläubigen mahnendes Beispiel sein: Hier beschränkt sich die Kirche nicht nur darauf, ihre Uralt-Thesen zu verkünden, sondern soweit es ihre Macht zuläßt, zwingt sie sie der Bevölkerung auch auf, Mehrheit hin oder her.

Daneben macht dieser Text auch deutlich, aus welcher Situation heraus und warum die antiautoritäre Bewegung entstand, wogegen und wofür sie kämpfte. Denn Hirschmann ist nicht nur ein Vertreter seiner Kirche, sondern ein Vertreter seiner Zeit. Man kann sich lebhaft vorstellen, von welchem Entsetzen und welcher Abscheu Leute wie er ergriffen wurden, wenn ein langhaariger *Gammler,* der zum *Bund* mußte, sich nicht von seiner Haarpracht trennen wollte. Der *Bund* wurde damals noch »die Schule der Nation« genannt, bis ein Bundespräsident feststellte, die Schule der Nation sei die Schule.

Noch größer war die Aufregung, wenn in einem antiautoritären Kinderladen die Kinder nicht pünktlich zur festgesetzten Stunde in Reih und Glied zum Klogang oder Vespern antreten mußten, sondern pinkeln und futtern konnten, wann es ihnen beliebte. »Bei den Massen zieht der Geist der Achtung vor der öffentlichen Autorität nur ein, wenn das heranwachsende Geschlecht die volle Autorität der Familie durchempfunden hat. Daher ist die hierarchische Ordnung der Familie ein Gebot der Vernunft.«[1] Das nenne ich die Zusammenhänge fein beobachtet! Die Frage, welche Art von Autorität damit gemeint ist, wird gleich mitbeantwortet. Unter Autorität verstand jedermann hierarchische Autorität, sieht man von ein paar Spinnern ab, die allesamt *vom Osten* bezahlt wurden, um unser Gemeinwesen zu zersetzen. Hierarchie, das heißt wörtlich: *heilige Herrschaft,* und so war sie auch gemeint: Eine Autorität, die ihren Anspruch von allem möglichen (Gott, Tradition, Natur), nur nicht von Fähigkeiten ableitete und bei der oben und unten starr festgesetzt war. Sachautorität, also eine aus der persönlichen Kompetenz abgeleitete Autorität, der sich weniger

Kompetente unterwerfen, solange dafür eine begründbare Notwendigkeit besteht, war kein Thema. Gegeben hat es sie faktisch natürlich schon. Bei der Feuerwehr zum Beispiel.

*Wem Gott ein Amt gibt, dem gibt er den Verstand* war unausgesprochen der Gedankengang, der hinter dem hierarchischen Autoritätsbegriff stand. Der Mann, jeder Mann war Haupt der Frau, weil das seine gottgewollte Bestimmung war. Der Satz *Ich bin Mann* genügte als Begründung seiner Autorität. Kinder schuldeten ihren Eltern Gehorsam, weil sie Kinder waren. Ob die Eltern gut oder schlecht, gescheit oder dumm waren, stand nicht zur Debatte. Hier ist die gedankliche Brücke, die Hirschmanns Ausfall gegen die »individualistische Grundeinstellung« verständlich macht. Er wirkt auf den ersten Blick vielleicht zufällig. Tatsächlich aber ist der Zusammenhang zwischen einer hierarchisch gedachten Autorität und einer antiindividualistischen Einstellung zwingend: Alle Penisträger hatten das Recht, von ihren Frauen Gehorsam zu fordern, unabhängig von irgendeinem sonstigen Merkmal; alle Kinder mußten ihren Vätern gehorchen, einzig und allein aufgrund der Tatsache, daß sie von ihnen gezeugt worden waren. Ein Befehl war berechtigt, nicht weil er *richtig* war, sondern wenn er von der *richtigen* Person gegeben wurde. Er brauchte nicht eingesehen, er mußte nur befolgt werden. Alles, was den Vorgang persönlich oder eben individuell gemacht hätte, nämlich Dialog, Begründung und Einsicht, ist bei diesem Autoritätsverständnis überflüssig, ja unerwünscht.

Selbstverständlich wurde die Theorie in der Praxis nicht so heiß gegessen, wie sie ausgekocht war. Das änderte nichts daran, daß insgesamt die verliehene Rolle entscheidender war als das dahinterstehende Individuum. Individualität war kein erstrebenswertes Ziel, denn das hätte nur das reibungslose Funktionieren der Systeme Familie oder Staat erschwert.

Daß alles nur mit *Autorität* funktioniert, war eine ermüdend-unermüdlich vorgetragene Behauptung. Selbst in einer Gemeinschaft von nur zwei Menschen – also in der Ehe – müsse einer das Sagen haben, und zwar von vornherein und unabhängig von der jeweiligen Situation. Es könnten – so wurde behauptet – nicht zwei Leute gleichzeitig Träger von Autorität sein, und da die Autorität der Frau für alle Fragen »kaum ernsthaft behauptet wird«, bleibe »eigentlich nur der Mann«[2], wurde messerscharf geschlossen. Wer die Autorität innerhalb der Ehe leugne, sei dem Anarchisten vergleichbar, der die Staatsgewalt abschaffen wolle. Gängige Überzeugung war: Ohne *Befehlsgewalt* des Mannes verfalle die Ehe in Lähmung und zerbreche schließlich, weil es zu keinen Entscheidungen komme. Autorität galt als der Kitt, der eine Gemeinschaft zusammenhält. Nur starre Über- und Unterordnungsverhältnisse würden zum Erfolg führen und schützten vor Auflösung. Entscheidung durch Konsensfindung, demokratischer Führungs- und Erziehungsstil, Partnerschaftlichkeit – all das waren Fremdwörter.

Auf dieses *Einer muß das Sagen haben* wurden die Kleinen wie die Großen getrimmt: »Mit vier Jahren müßte das Kind so an Gehorsam gewöhnt sein, daß wir die Gehorsamsfrage als gelöst betrachten dürfen«, lesen wir in einem Elternratgeber.[3] In einem Aufklärungsbuch für Jugendliche wird für kinderreiche Familien plädiert: ». . . die Kinder lernen, aufs Wort zu gehorchen; denn die kinderreiche Mutter kann es sich gar nicht leisten, etwas zwei- und dreimal sagen zu müssen. Gibt es aber eine wichtigere Tugend als die Tugend des Gehorsams?«[4]

Für eine pluralistische Gesellschaft und einen demokratischen Staat schon. Und weil die Bundesrepublik trotz allem auf dem Weg dahin war, gab es auch Leute, die dieselben Zusammenhänge sahen wie Hirschmann, aber daraus eine andere Schlußfolgerung zogen: »Man kann auch verlernen oder nie gelernt haben, sich als selbständiger Staatsbürger zu fühlen und als solcher zu leben. Manche werden diese Unselbständigkeit – auch die politische – ganz gern haben. Ist sie aber zu wünschen, wenn wir die Mutter einmal als Erzieherin sehen? In der Kinderstube wird der Demokrat, wird der Staatsbürger zuerst geformt.«[5]

Auch solches wurde also gesagt, und zwar am 27. 1. 1952 im

Deutschen Bundestag von der Abgeordneten Meyer-Laule in ihrem Plädoyer gegen das Letztentscheidungsrecht des Vaters in Erziehungsfragen. Sie mußte noch sieben Jahre warten, bis ihr Ziel erreicht war. Bis dahin malten andere weiter aus, wie Anarchie, Zusammenbruch der Familie und des Staates, Untergang der Kultur und der Sitte drohten, wenn die erprobten Pfade von Autorität und Gehorsam verlassen würden. Mir will scheinen: Es werden in letzter Zeit wieder mehr, die dort weitermachen wollen, wo Hirschmann und Co. aufgehört haben. Oder täusche ich mich?

1 Anonym, Die Gleichberechtigung der Frau und ihre Grenzen im Familienrecht, in: Herder Korrespondenz Jg. 5, 1950/51, S. 89–93
2 Anonym (Verfasser wahrscheinlich Hans Hirschmann), Die kirchliche Stellungnahme zur Familienrechtsreform in der Bundesrepublik, in: Herder Korrespondenz Jg. 7, 1952/53, S. 276–282
3 Zitiert nach Hannes Schwenger, Antisexuelle Propaganda. Sexualpolitik in der Kirche, Rowohlt Reinbek 1969, S. 65
4 Klemens Tilmann, Weißt du schon . . .? Eine Schrift von den Geheimnissen des Lebens für Jungen. Für die evangelische Jugend bearbeitet von Pfarrer Fritz Arndt, Stuttgart [5]1966, S. 96
5 Frau Meyer-Laule, 239. Sitzung des 1. Deutschen Bundestages vom 27. 11. 52, S. 11060

# Berufstätigkeit (männlich)

»Sie glaubt einfach nicht, daß für den Mann der Beruf wichtiger ist und daß er für ihn, seinen Tageslauf, die Zeit und die Kraft, die er beansprucht, viel bestimmender ist und sein muß als die gegenseitige Beziehung. Und doch wird jede Frau diese enttäuschende Erfahrung machen müssen. Ob sie sie meistert, hängt davon ab, wieweit sie die Situation des Mannes, die äußere und die innere, verstehen und kennen lernt, wieweit sie gegenüber den Ansprüchen, denen er gehorchen muß, selbst eine respektvolle Toleranz bewahrt oder wenigstens zu erwerben sucht. Bei vielen Frauen jedoch stellt sich nach einigen Jahren ein Zustand nur zeitweise unterbrochenen Schmollens ein, der sich bis zu ständiger Verbitterung versteinern kann und sich nur gelegentlich in hysterischen Schreianfällen Luft macht . . . Es wird die Frau empören, wie ruhig und unbeirrbar der Mann in solchen Situationen an seiner Einstellung festhält oder wie energisch er auf den Anspruch seines Berufes pocht. Gerade die tüchtigen, gewissenhaften, erfolgreichen Männer – und welche Frau möchte nicht einen solchen Mann haben – sind mit ihrem Beruf eng verwachsen, um nicht zu sagen verheiratet. Eine kluge Frau wird ihm die wenigen Stunden des Zusammenseins nicht noch vergällen und das eigene Heim verleiden durch Vorwürfe und Klagen . . . Sie wird sich deshalb diplomatisch, planend und geschickt darum bemühen, ihm das Zuhause so angenehm zu machen, daß er sich dort wohl fühlt, daß er wirklich gern wiederkommt und nicht die im Betrieb und im Beruf angesponnenen Kontakte und Nebenverpflichtungen zu seiner eigentlichen Heimat werden läßt. Der wichtigste Grundsatz ist, daß sie immer dann Zeit hat, wenn er Zeit hat, daß sie zunächst für ihn da ist, wenn er nach Hause kommt, ihm die sprichwörtlichen Pantoffeln bereitstellt oder ein Glas Bier, daß sie begreift: Ein Mann, der aus dem Beruf nach Hause kommt, ist eher ein Kind, das eine fürsorgliche Mutter braucht.«

*Dr. Ulrich Beer, 1977**

Dies ist eines von den Kapiteln, bei denen ich beim Schreiben immer wieder unversehens ins Präsens geraten bin.

Lassen wir einmal beiseite, was Texte wie der obige für Frauen bedeuteten, beschränken wir uns auf die Folgen, die diese Ideologie für Männer hatte. Zum Teil war es sicher angenehm, attestiert zu bekommen, man(n) sei nun einmal mit dem Beruf verheiratet. Das ersparte eine Menge Arbeit. Beziehungsarbeit nämlich. Zugleich konnte man(n) auf diese Weise die eigene Bedeutung steigern, sowohl vor sich selbst als auch in den Augen seiner Frau. Er tanzte auf zwei Hochzeiten. Figaro hier – Figaro da. Überall gebraucht, überall erwartet. Man(n) läßt warten. Vielleicht nicht gerade den Chef, aber die Gattin allemal. Sie hatte nur ihn. Sie konnte nicht ausweichen, wenn sie keine Lust auf ihn hatte, konnte nicht anrufen: *Schatz, heute wird's leider etwas später.*

»Das Leben der Frau ist auf die Liebe hin angelegt, der Mann kommt ganz gut ohne aus ... Seine eigentliche Welt ... besteht aus Arbeit und Erfolg«[1], wußte ein Kollege von Dr. Beer. Der Direktor einer Uni-Frauenklinik wiederum brachte es bereits 1951 auf den Punkt: »Der Mann heiratet allenfalls, um Karriere zu machen, die Frau gibt eine Karriere auf, um zu heiraten.«[2] Das sieht nach Souveränität, nach Unabhängigkeit aus. Viele Männer bildeten sich darauf was ein, daß Liebe für sie angeblich nur ein »Intermezzo« sei.

Die Aufspaltung der Welt in die männliche Welt der Arbeit, des Sachlichen und in die weibliche Welt der persönlichen Beziehung, des Emotionalen ersparte den Männern sicher man-

* Ulrich Beer, So wird die Ehe gut, Katzmann Verlag, Tübingen 1977 (Erste Auflage: 1976), 57 f.

chen Kummer, denn Liebe macht abhängig, und Gefühle können verletzt werden. Die Erziehung und Selbsterziehung zur Verleugnung und Abspaltung der Gefühle, zur weitgehenden Reduzierung und Funktionalisierung von menschlichen Beziehungen machte aber auch arm, selbst wenn diese Männer subjektiv überzeugt waren, ihnen fehle nichts. Dem Blinden fehlt etwas, auch wenn er die Farbe nicht vermißt. Aber den Männern klarzumachen, daß ihr Leben verarmt, wenn sie nur in der *sachlichen Welt* zu Hause sind, war meist ein genauso mühseliges Unterfangen, wie eben dem Blinden von den Farben zu reden.

Das galt weitgehend auch für die Beziehung der Männer zu ihren Kindern: »›Frau und Kind‹ bilden ein biologisches Ganzes, wie ›Mann und Beruf‹ auch ein Ganzes sind«[3], wußte der bereits zitierte Direktor einer Frauenklinik. Viele Männer haben es ihm gedankt, war es doch die Rechtfertigung, das schreiende Balg der Frau in die Hand zu drücken und erleichtert die Haustür hinter sich zuzuziehen. Aber es hieß auch, daß Männer von ihren Kindern nichts wußten. Nicht selten mußten die Väter feststellen, daß die Gastrolle, die sie zu Hause aus Bequemlichkeit gespielt hatten, sie am Ende wirklich zum nur noch geduldeten Gast (oder sollte man sagen: zahlenden Gast?) gemacht hatte. Frau und Kinder hatten sich ohne ihn arrangiert, und vom eigentlich Wichtigen bekam er nichts mit, so wie eben einem Gast die privaten Angelegenheiten verborgen bleiben. Er hatte es ja nicht anders gewollt.

Seien wir nicht ungerecht: Hätte er anders wollen können? Und selbst wenn er anders gewollt hätte, was hätte es ihm genützt? *Unmännlich* war das Verdikt, das zärtlichen Männern und Vätern drohte. Ein vernichtenderes Urteil, wie mir scheint, als das Etikett *unweiblich* für eine Frau. *Unmännlich*, das war lächerlich, verachtenswert. Ein Mann, der den Kinderwagen schob, galt bereits als unmännlich. Mein Vater zog mich im Leiterwägelchen hinter sich her, das ging gerade noch an. So war das damals, und aus diesen starren Rollen gab es kein Entrinnen.

Die Dispens, die dem Mann von Familie und Beziehungsarbeit gegeben wurde, war aber noch aus einem anderen Grund eine zweischneidige Angelegenheit. Eine berufstätige Frau konnte sagen: *Ich wäre lieber zu Hause.* (Richtiger: Sie konnte diesen Satz nicht nur sagen, sondern er wurde von ihr erwartet.) Einem Mann dagegen war dergleichen verwehrt, er durfte *so etwas* noch nicht einmal denken. Und das, obwohl die wenigsten Männer Chefs waren oder besonders interessante und verantwortungsvolle Aufgaben erfüllten. Die meisten von ihnen standen am Fließband, reinigten die Straße, legten Akten ab. »Seine eigentliche Welt ... besteht aus Arbeit und Erfolg.« Ach ja. Vor sich selber und der erwartungsvoll zu ihm hochblickenden Gattin zu verleugnen, daß man lediglich ein kleines Rädchen war, das gelang nicht immer. Aber der Fluchtweg war versperrt. Er durfte nicht weinen über Kränkungen seiner Vorgesetzten, durfte sich nicht trösten lassen bei beruflichen Enttäuschungen. Er mußte den starken Mann markieren. Was oft auch hieß: Je erfolgloser er *draußen* war, um so mehr spielte er sich zu Hause auf. Auch dies gehörte zum System.

Früher oder später aber schnappte die Falle endgültig zu. Fast hätte ich geschrieben *die selbstgestellte Falle.* Aber so verkehrt es ist, Mitleid mit den falschen Leuten zu haben, so wenig soll auch eine Kollektivschuld der Männer an den Irrungen des Patriarchats konstruiert werden. Die meisten Männer waren Profiteure dieses Systems und haben es gestützt, das wollen wir Frauen ihnen so schnell nicht vergessen. Aber wer ist *schuld* am Patriarchat?

Die Falle, in die die Männer zwangsläufig geraten mußten, hatte viele Namen: Nachlassen der Arbeitskraft, Konkurrenz durch jüngere Kollegen, Invalidität, Arbeitslosigkeit, Rentenalter. Wie mögen sich wohl jene Hunderttausende von Männern gefühlt haben, die als körperliche und seelische Krüppel aus dem Krieg heimgekommen waren, wenn sie das Gefasel von *Welt der Arbeit und des Erfolgs* hörten? Sie erlitten zu allem Leid noch die Schmach, ihre angeblich *ureigenste* Funktion als Ernährer der Familie nicht erfüllen zu können. Arbeitslosigkeit freilich war von etwa 1954 an bis 1967 fast ein Fremdwort, dieses Gespenst ängstigte kaum. Aber irgendwann wurden die Männer 65 Jahre alt. Von diesem Tag an hatten sie ihre Existenzberechtigung verloren, waren zwecklos, überflüssig geworden. Die Frauen lebten ihr Leben wie gewohnt weiter, erledigten ihre Arbeit, hüteten die Enkel, beklagten sich höchstens bei der Nachbarin, daß ihnen der Mann dauernd im Weg rumstehe.

Viele frisch pensionierte Männer zogen daraus die Konsequenz, die ihnen logisch erschien. Sie starben.

Und die Frauen lebten ihr Leben weiter wie gewohnt.

1 Pierre Dufoyer, Ehen im Alltag. Die Ehekrise und ihre Überwindung, Rex Verlag Luzern 1954, S. 30

2 August Mayer, Seelische Krisen im Leben einer Frau, J. F. Lehmanns Verlag München 1952, S. 22

3 August Mayer, a.a.O., S. 14

# Berufstätigkeit (weiblich)

»Die vornehmste und höchste Aufgabe im Leben der Frau bedeutet die Erfüllung der Mutterschaft. Durch zu frühzeitig einsetzende Erwerbstätigkeit ... können reparable, aber auch irreparable Schäden an den Geschlechtsorganen entstehen. Zum Zeitpunkt der Menstruation und der Schwangerschaft wird eine herabgesetzte Widerstandsfähigkeit gegen physische und psychische Belastungen beobachtet. Folgerichtig muß daher für die Verantwortungsträger einschließlich des Arztes das oberste Ziel sein, die Fortpflanzungsfähigkeit zu erhalten helfen, sollen nicht Familie und Volk ernsten Gefährdungen entgegengehen ... Ich stelle ... in meinem Referat ... nur einen einzigen Punkt zur Diskussion, der eine ungewöhnlich harte, vielen von Ihnen utopisch klingende Forderung beinhaltet, der aber auf lange Sicht mit gutem Willen, mit eiserner Energie, mit vornehmer Toleranz im wahrsten Sinne des Wortes sine ira et studio, d. h. in unserm Falle ohne einseitige Interessenkämpfe und ohne parteilichen Hader, eine echte Erfüllung erfahren kann. Er lautet folgendermaßen: Eine Mutter mit Kindern bis zu 15 Jahren gehört nicht in eine außerhäusliche Berufsarbeit, ihre Aufgabe ist es, die Hüterin der Familie zu sein.«

*Prof. Dr. med. Heinz Kirchhoff, 1961**

Damit kein Mißverständnis entsteht: Der Herr Professor – übrigens einer von der progressiveren Sorte – hatte nicht die Frauen im Sinn, als er seinen Vorschlag eine »ungewöhnlich

* Heinz Kirchhoff, Die Belastung der berufstätigen Frau und die damit verbundenen gesundheitlichen Gefahren. Vortrag bei der Eröffnungskundgebung des 64. Deutschen Ärztetages am 29. Mai 1961 im Kurhaus Wiesbaden, in: Ärztliche Mitteilungen 46, 1961, 1304–1311, 1310f.

harte Forderung« nannte. Sondern die Frage – seine Frage – war: »Können Wirtschaft und Gesellschaft diese zweifellos einschneidende und sogar revolutionär klingende, aber schon mehrfach gestellte Forderung verkraften ...?«[1] Was die Frauen dazu meinten, war uninteressant. Warum das so war, bedarf einer grundsätzlicheren Erörterung. Als Schlüsselsatz wähle ich die Aussage eines Theologen von 1951 – Theologen sind immer gut für Schlüsselsätze: »Ehefrau und Mutter sind nicht als Individuum des allgemeinen Rechts, sondern als Glied einer vom Grundgesetz unter besonderen Schutz gestellten natürlichen Lebensordnung zu sehen.«[2] Anders ausgedrückt: Während der Mann zunächst Individuum war und individuelle Rechte hatte, die dann durch Pflichten gegenüber der Gemeinschaft beschränkt werden konnten, war die Frau (zumindest wenn sie verheiratet war) zunächst mal für die Familie da. Erst wenn sie deren Ansprüche voll befriedigt hatte und dann noch was übrig war, begann ihre individuelle Freiheit.

Frauen waren Individuen minderen Rechts; es ist nur wenig übertrieben, wenn man behauptet, sie wären eher als verfügbare Objekte behandelt worden denn als selbstbestimmte Personen. Kirchhoffs Sätze offenbaren – wenn sie aufmerksam gelesen werden – eine unglaubliche Verzweckung der Frau. Sie wurde damals gewiß nicht weniger auf ihre Geschlechtsorgane reduziert, als sie es heute durch einen Pornofilm wird. Wie sie außerdem nach Recht und Gesetz ihrem Mann als Arbeitskraft zugeordnet war und ihr Geld zu seinem wurde, ist unter dem Stichwort *Gleichberechtigungsgesetz* nachzulesen.

*Der Status der Frau wird definiert durch ihren Mann*, soll in der Ausgabe von 1991 des Duden als Beispiel für das Wort *definieren* gestanden haben, ich hab's nicht geprüft. Verbürgen aber kann ich mich für folgende Aussage eines hochangesehenen Medizinprofessors aus den fünfziger Jahren (weil ich sie gedruckt vorliegen habe), der sich über jene Frauen mokiert, die es ablehnten, »daß der Wert der Frau vom Mann her bestimmt wird durch Ehe und Kind«.[3]

Was innerfamiliär recht war, konnte gesamtgesellschaftlich nur billig sein. Als die Kriegsgefangenen zurückkamen, gab es keineswegs nur psychologischen Druck auf die berufstätigen Frauen, die den Männern angeblich die Arbeit wegnähmen. Der bayerische Kultusminister Hundhammer wollte damals kurzerhand alle Frauen – seien sie nun verheiratet oder nicht – aus dem Schuldienst entlassen. Er scheiterte – das sei zugegeben – damit genauso wie jene CDU-Abgeordneten, die im Mai 1953 ein Gesetz durchsetzen wollten, nach dem eine Beamtin ohne weitere Formalitäten aus dem Beamtenverhältnis zu entlassen wäre, wenn sie sich so verheiratete, daß ihr Lebensunterhalt künftig gesichert schien. Das heute zu neuem Ansehen gekommene Wort vom *Doppelverdienertum* kursierte auch damals. Und immer, immer, wenn es mehr Arbeitssuchende als Arbeitsplätze gibt, schaut alles erwartungsvoll auf die Frauen, und es heißt: *Da muß eben einer zurückstehen.* Nein, da muß nicht einer zurückstehen, da muß eine zurückstehen. Im Mai 1993 waren in der Ex-DDR 397 000 Männer und 700 000 Frauen ohne Arbeit. Kirchhoff hätte seine helle Freude. Sein Pech war 1961, daß die Wirtschaft boomte, wer weiß, was sonst aus seiner Idee geworden wäre.

Konsequent wurde den Frauen das Recht abgesprochen, aus irgendeinem anderen Grund als aus dem der finanziellen Notwendigkeit berufstätig zu sein. Ob diese finanzielle Notwendigkeit bestand, durften die Frauen allerdings auch nicht selbst feststellen. Was notwendig war und was als Luxus zu gelten hatte, darüber entschieden in ihren Untersuchungen die Wissenschaftler lieber selbst. Die *guten Berufstätigen*, das waren die Unverheirateten, die Witwen, die Frauen, die mit einem Invaliden verheiratet waren. Mit ihnen hatte man Mitleid, weil man ihnen allesamt unterstellte, daß sie viel, viel lieber zu Hause sein würden. Die *bösen Berufstätigen* aber, das waren die, die nicht mußten, sondern wollten. Frauen, die aus »persönlichen Gründen« außer Haus gingen, kriegten was zu hören: »egoistisch« (oder noch schöner: »individualitäts-egoistisch«), »materialistisch«, »oberflächlich«, »karrieresüchtig«, »Sklavinnen eines Unabhängigkeitskomplexes«, um ein paar Beispiele aufzuzählen. Anfangs wurde überwiegend argumentiert, Berufstätigkeit an sich sei unweiblich. Als das nicht mehr so recht zog, verfiel man auf den bis heute wirksamen Trick: Die Kinderfrage wurde zur Frauenfrage deklariert. Da fiel dann das Mäntelchen *wissenschaftliche Untersuchung* vollends, und es gab Beschimpfung pur. Zum Beispiel: Bei diesen »sogenannten Müttern (!) ist das liebe Ich immer wichtiger als die Interessen an Mann und Kind, ›einerlei, ob es sich um eitle Vergnügungssucht, um ungesunde Intellektualität, um Geldgier, Koketterie oder sonstige Schwächen handelt‹«.[4] Genau das, was vom Mann erwartet wurde, daß ihm nämlich der Beruf über alles gehen sollte, war für die Frau eine Todsünde.

Die Frauen und nur sie wurden dafür verantwortlich gemacht, was während ihrer Arbeitszeit aus den Kindern wurde. Von keinem arbeitssuchenden Mann hätte je ein Arbeitsamt eine Bescheinigung verlangt, daß für die Betreuung seiner Kinder gesorgt sei. Frauen mußten bis in die 80er Jahre eine entsprechende Bestätigung vorweisen, um als *vermittelbar* zu gelten. Und damit ihnen das ja nicht zu leicht fiele, wurde von Wissenschaftlern ausdrücklich gefordert, ja nicht zu viele Horte und Kindergärten zu bauen, weil dann »viele Mütter auch ohne rechte Not zur Erwerbstätigkeit drängen und diesem Verlangen immer mehr Raum gegeben würde«.[5] Ob es heute so viele andere Gründe sind, weswegen Kindergartenplätze und Ganztagsschulen fehlen? Auch das notorisch schlechte Gewissen, dieser ständige Begleiter beruftätiger Mütter, hat tiefe Wurzeln. Die Frauen haben verinnerlicht, was ihnen beigebracht wurde: Unter ihrer Berufstätigkeit könne ihr Kind nur leiden, niemals davon profitieren. »Untersuchungen haben ergeben, daß mindestens achtzig Prozent aller schwer erziehbaren Kinder aus Ehen stammen, in denen auch die Frau berufstätig ist.«[6]

Bleiben wir bei der Wissenschaft, aber verändern wir die Fragestellung: Wenn es denn schon sein muß, welche Berufe eigneten sich nach damaligem Erkenntnisstand für die Frauen?

Gut sind alle Fieselarbeiten, denn die Frau ist »geschickt im Kleinen«, geduldig und ausdauernd. Gleichförmige Arbeiten empfehlen sich ebenso. Fließbandarbeit beispielsweise – das macht den Frauen überhaupt nichts aus, im Gegenteil: ständige Widerholungen entsprächen ihrem Naturell. Praktisch ist auch, daß eine Frau mit schlechteren Arbeitsbedingungen viel besser zurechtkommt als ein Mann. Wo der schon streiken würde, beschwert sie sich noch nicht mal. Das kommt von ihrer Leidensfähigkeit. Die ist viel größer als beim Mann.

Gut ist weiter alles, was mit Helfen und Pflegen zu tun hat, weil die Frau wesenhaft auf das Du ausgerichtet ist. Für Krankenpflege also eignet sie sich hervorragend (»untergeordnete Berufe, die mit Watte, Blut, Eiter, Kot zu tun haben ... gelten eo ipso als besonders weibliche Berufe; das glauben sogar die Frauen«[7], meinte 1968 jemand ironisch). Was sage ich? 1968? Ironisch? Heute sagen das Leute und meinen es bitter ernst.

Und Ärztin? Chirurgin etwa? Auf keinen Fall! »Auch kann man sich kaum eine Frau als Chirurgin vorstellen. Hier, wo neben einer besonderen Nervenkraft und körperlichen Robustheit schnelles rationales Handeln vonnöten ist, ist die Frau meist fehl am Platz.«[8] Da muß wohl was dran sein. Chirurginnen kann man noch heute mit der Lupe suchen.

1 Kirchhoff, a.a.O., S. 1311
2 Anonym, Die Gleichberechtigung der Frau und ihre Grenzen im Familienrecht, in: Herder Korrespondenz Jg. 5, 1950/51, S. 90
3 Mayer, Seelische Krisen im Leben einer Frau, J. F. Lehmanns Verlag München 1952
4 Otto Speck, Kinder erwerbstätiger Mütter. Ein soziologisch-pädagogisches Gegenwartsproblem, Ferdinand Enke Verlag Stuttgart 1956, S. 121
5 Speck, a.a.O., S. 40
6 Elisabeth Muhl-Schwarzenberg, Ehekompass für alle Tage, Verlag J. Pfeiffer München 1958, S. 128
7 Joachim Kaiser, Die überwältigende Vergangenheit, in: Christa Rotzoll (Hg.), Emanzipation und Ehe, Delp'sche Verlagsbuchhandlung München 1968, S. 151–157
8 Werner Freytag, Sex – Ehe – Gesellschaft. Ein Handbuch aus ärztlicher Sicht, Freiburg 1971, S. 210

# Christliche Gleichberechtigung

»Mit großer Sorge verfolgen wir Bischöfe und – wie wir so häufig erfahren – mit uns weite Kreise unseres Volkes die wachsende Gefährdung der christlichen Ehe und Familie ... Vor allem bedauern wir, daß der an sich richtige Grundsatz der Gleichberechtigung von Mann und Frau von so vielen Kreisen völlig mißverstanden und mißdeutet wird. Das führt zu Folgerungen für das häusliche und öffentliche Leben, die der gottgewollten natürlichen Ordnung in der Ehe zuwider sind, ja diese Ordnung umstoßen müssen ... Nach göttlichem und natürlichem Recht sind Mann und Frau einander ebenbürtig in Würde und Freiheit ... Diese Gleichberechtigung schließt ... keineswegs aus, daß rechtliche Unterschiede in der Stellung von Mann und Frau in Ehe und Familie bestehen. Solche Unterschiede sind in den natürlichen Wesenseigenschaften von Mann und Frau begründet, die auch in der ehelichen Gemeinschaft jedem von beiden eine eigentümliche Stellung und verschiedene Aufgaben zuweisen. Dazu verlangt auch die natürliche Ordnung, daß in einer Gemeinschaft von nur zwei Personen eine Autorität die Einheit dieser Gemeinschaft gewährleistet ... Jeder Schritt unserer Gesetzgebung und Rechtsprechung, der von dieser Ordnung wegführte, träfe nicht nur die christliche Ehe – er träfe die Ehe überhaupt. Wer grundsätzlich die Verantwortung des Mannes und Vaters als Haupt der Ehefrau und der Familie leugnet, stellt sich in Gegensatz zum Evangelium und zur Lehre der Kirche ... Die Lehre selbst aber, um die es hier geht, ist in Gottes Wort klar bezeugt. Wer sie leugnet, verkennt und verkehrt die hohe Berufung und Verantwortung des Mannes und Vaters, dem zum Dienst der Liebe an Frau und Kindern eine Leitungsgewalt übertragen ist ... Das gilt für jede Ehe ... Wir sind aber verpflichtet, in aller Deutlichkeit – ob gelegen oder ungelegen – zu erklären, daß die verheiratete Frau und Mutter ihren wichtigsten Platz in der Familie hat. Dort liegt ihr erster Beruf ... Wir verlangen eine Rechtsform, die die Frau und Mutter der Familie wiedergibt ... Orientiert euer Urteil am Worte Gottes und am Wort derer, denen der Herr sagte: ›Wer euch hört, der hört mich; wer euch verachtet, der verachtet mich!‹«

*Die deutschen Erzbischöfe und Bischöfe, 1953**

Gleichberechtigung ist ein Thema voller Fallstricke. Deshalb wollen wir uns dabei der Führung der Theologen überlassen. Gleichberechtigung ist nämlich nicht Gleichberechtigung. Es gibt eine falsche Gleichberechtigung und eine richtige. Da gibt es die »scheinbare Gleichberechtigung«, die »Gleichmacherei«, den »falschen Begriff der Gleichberechtigung«, die »mechanische«, »mathematische« oder »maskuline« Gleichberechtigung« (auch falsch) oder gar das »sozialistische Gleichheitsideal« (ganz falsch). Der Erzbischof von Bamberg spricht von einer »falsch verstandenen Emanzipationssucht« und gibt damit Rätsel auf, wie die richtig verstandene Emanzipationssucht aussehen mag.

Im Gegensatz dazu steht die »echte qualitative Gleichberechtigung«, die »Gleichwertigkeit der Frau«, die »Vollberucksichtigung der Frauennatur«.

Wem jetzt der Kopf schwirrt, erfährt vielleicht Hilfe durch das, was der Bischof von Speyer 1953 den Frauen sagte: »Laßt euch nicht den Sinn verdrehen durch Schlagworte von Gleichstellung, die in Wirklichkeit unnatürliche Gleichmacherei bedeutet. Laß euch nicht das Herz vergiften durch die Lockung übertriebener Lebensansprüche! Laßt euch nicht abdrängen vom Weg des wahren Frauenglücks, das da ist: Dienend zu herrschen ...«[1]

* Hirtenwort der deutschen Erzbischöfe und Bischöfe zur Neuordnung des Ehe- und Familienrechts vom 30. 1. 1953, in: Kirchlicher Amtsanzeiger für die Diözese Trier, 97, 1953, 41–44, 41, 42, 43, 44

Da haben wir den Unterschied zwischen Frauen und Männern: Frauen herrschen durch Dienen, und die Männer dienen den Frauen, indem sie herrschen.

Frau mag sich das so vorstellen: Wer eine Gleichberechtigung von Hühnern und Enten fordert, verfährt auch nicht nach der Devise: Jedem Huhn seinen Ententeich und jeder Ente ihre Hühnerleiter. Sondern? Richtig: *Jedem das Seine.* Oder auch: *Man muß Gleiches gleich und Ungleiches ungleich behandeln.*

Während die protestantischen Kirchen – wie überhaupt – eher vom bösen Zeitgeist angekränkelt sind, berücksichtigt die katholische Kirche dieses Prinzip vorbildlich: Weil »der Schleier« das Symbol der Frau sei, will sagen »das Unscheinbare« und »nicht die laute Öffentlichkeit« ihrem Wesen entspreche, habe der Ausschluß der Frau vom Amtspriestertum überhaupt nichts mit ihrer Geringschätzung zu tun, sondern sei im Gegenteil Anerkennung »der fraulichen Menschen- und Personenwürde«, und es zeige sich gerade darin der Respekt vor ihrer besonderen Eigenart.[2] Schrieb ein Theologieprofessor 1959.

Ententeich der Frau, das ist die Familie und die Tätigkeit als Hausfrau. Hier ist sie in ihrem Element. Alles andere entfremdet sie ihrem Wesen und macht sie unglücklich. Von der Gefahr ihrer sittlichen Gefährdung durch Berufstätigkeit ganz zu schweigen.

In ihrem Einsatz für den Erhalt des fraulichen Ententeichs ließen sich die Kirchen von niemandem übertreffen. Den Frauen wurde eingehämmert, wie schön sie dienen könnten, daß sie sich in ihrem Opfergeist von niemandem übertreffen ließen etc. Ihre Hausfrauenrolle wurde ihnen schmackhaft gemacht, indem man ihnen versicherte, in der Familie könnten sie ein »Reich der Liebe« gründen, »in dem es besser ist, Königin zu sein, als in einem Reich der Macht«.[3]

Zu Herzen gehende Vorbilder wahren Frauentums wurden geschildert. Beispielsweise berichtete der Regensburger Bischof von einer »brave(n) Mutter«, die ihm erst kürzlich gesagt habe: »Politik treibe ich nicht. Meine Politik ist die gute Erziehung meiner Kinder.«[4] Es war ja auch für die Frauen nicht nötig, Politik zu treiben, das konnten die katholischen Bischöfe und die in der EKiD zusammengeschlossenen protestantischen Kirchenmänner viel besser. Die korrespondierten in Sachen Gleichberechtigungsgesetz eifrig mit dem Bundesjustizminister, schrieben an jeden Abgeordneten und hatten ihre eigenen Familienrechtskommissionen, die den richtigen Weg herausfanden, auf dem die Herde dann folgen sollte.

Stellvertretend sei hier nun aus einer Stellungnahme der EKiD an die Bundesregierung zitiert. Sonst beklagen sich die protestantischen Kirchen womöglich noch, ich hätte sie nicht genügend berücksichtigt. (Liebe protestantische Kirchen, da ist schon was dran: So griffig wie eure Kollegen von der römisch-katholischen Konkurrenz könnt ihr einfach nicht formulieren.) Die evangelischen Kirchen begrüßten ausdrücklich, daß die Gesetzgebung die »arbeitsteilige« (gemeint: die Hausfrauenehe) als »erstrebenswerte Form der Ehe« ansieht, und werfen einen schaudernden Blick über die Grenzen: »In der sowjetischen Besatzungszone sind Bestrebungen vorhanden, die Frau in die Berufstätigkeit hineinzuzwingen . . . und der menschenfeindlichen Theorie Geltung zu verschaffen, daß die Frau nur bei wirtschaftlicher Eigenexistenz durch Berufstätigkeit als eigene ökonomische Person Freiheit besitze.«[5]

Die Frauen wurden auf ihre Hausfrauenrolle festgenagelt. Festgenagelt schreibe ich aus vielen Gründen. Nicht zuletzt aber aus dem, daß die Frau gar nicht gefragt werden sollte, was eigentlich sie will. Sie soll der Familie »wiedergegeben« werden, als handle es sich bei ihr um einen ausgeliehenen Rasenmäher. Deutlicher noch als die deutschen Bischöfe schrieb ein anderer Theologe: »Die Hausfrau soll nicht nur zur Leitung des gemeinsamen Haushalts berechtigt, sie muß auch dazu verpflichtet sein. In der strukturierten Ganzheit der Ehe und Familie hat die Frau im Hause ihre entscheidenden Aufgaben und Pflichten; das muß das staatliche Gesetz schon aus erzieherischen Gründen klar aussprechen.« Schließlich sei der

»Vorrang der Ehe-, Hausfrau- und Mutterpflichten der Frau« ein »Eckpfeiler der christlichen abendländischen Kultur«.[6]

Der Leitsatz, daß die Frau ins Haus gehöre, wurde durch einen zweiten ergänzt: Der Mann ist Herr im Haus. Die protestantischen Kirchenoberen 1954: »Wenn auch der Sinn der Unterordnung der Frau dem Mann gegenüber in der Ehe nur dem Christen deutlich wird, so ist sie doch ein Wesenselement der Ehe überhaupt.«[7] Im Unterschied zu ihren katholischen Kollegen im Bischofsamt, die meinten, der Staat habe gefälligst durch entsprechende Paragraphen auch die letzte Atheistin auf das christliche Eheverständnis festzulegen, gaben sich die Protestanten toleranter. Ihnen war die gesetzliche Verankerung der Hauptstellung des Mannes nicht eine solche Herzensangelegenheit. Nicht etwa, weil sie eher als die katholische Kirche gewillt gewesen wäre, den Rechten der Frau auf die Beine zu helfen. Sondern, wie ein damals führendes Mitglied der EKiD-Eherechtskommission schrieb: »Dem Mann, der die Frau wählt (!) . . ., kann auch das Gesetz nicht die Letztentscheidung nehmen, auch wenn er sich ihrer entäußern wollte. Eine rechte Frau wird sie von ihm fordern und wird ihn mißachten, wenn er zu ihr außerstande ist.«[8]

Die katholischen Theologen waren sich da offenbar nicht so sicher. Bei ihnen wurden ganze Bücher über die »Hauptstellung des Mannes« verfaßt. Zum Beispiel jenes der Kirchenrechtlerin Gertrude Reidick von 1953, das prompt von der Münchner katholisch-theologischen Fakultät preisgekrönt wurde und auf den Titel »Die hierarchische Struktur der Ehe« lautete. Es enthält Sätze wie diesen: »Haupt des Weibes aber ist der Mann. Die Frau lebt seinsmäßig, ihren geschöpflichen Fundamenten nach, aus dem Manne und um des Mannes willen . . . Die Frau, welche gegen das schöpfungsgemäße Verhältnis der Geschlechter rebelliert, das Zeichen der Abhängigkeit nicht mehr tragen und in gleicher Weise wie der Mann auftreten will, erlangt nicht etwa die Würde des Mannes, sondern geht . . . der weiblichen Würde verlustig.«[9] Gertrude Reidick heiratete später und vertrat in der Folge eine deutlich modifizierte Meinung.

Ähnliches ist mir von dem Ordensmann Albert Ziegler, der 1958 ein 500-Seiten Opus mit dem Titel »Das natürliche Entscheidungsrecht des Mannes in Ehe und Familie« verfaßte, nicht bekannt. Er ist für mich Gewinner bei dem Wettbewerb *Wie verdrehe ich das Wort Gleichberechtigung so, daß das Gegenteil herauskommt?* Er tat das, indem er meinte, der Mann habe zwar das Recht zu befehlen, zum Ausgleich dafür habe aber die Frau das Recht zu gehorchen: »In dieser gegenseitigen Berechtigung ... ist echt qualitative Gleichberechtigung verwirklicht.«[10]

Lassen wir auch das Schlußwort von einem Theologen sprechen: »Der Forderung um Gleichberechtigung der Frau im Bereiche des Familienrechts liegt ein systematischer Kampf gegen den christlichen Begriff der Familie zugrunde.«[11]

So sehe ich das auch.

1 Fastenhirtenbrief des Bischofs von Speyer, in: Oberhirtliches Verordnungsblatt für das Bistum Speyer vom 2. 2. 1953, S. 183

2 Franz Xaver Arnold, Mann und Frau in Welt und Kirche, Glock und Lutz Nürnberg 1959 (zweite überarbeitete und erweiterte Auflage), S. 67 und S. 80

3 Erzbischof von Bamberg, Fastenhirtenbrief 1953, in: Amtsblatt für die Erzdiözese Bamberg, S. 37–47

4 Bischof von Regensburg, Fastenhirtenbrief 1952, in: Amtsblatt für die Diözese Regensburg vom 14. 2. 1952, S. 13–15

5 Stellungnahme der Eherechtskommission der Evangelischen Kirche in Deutschland zu dem Entwurf eines Familienrechtsgesetzes (1952), in: Hans Adolf Dombois und Friedrich Karl Schumann (Hg.), Familienrechtsreform. Dokumente und Abhandlungen, Luther-Verlag Witten-Ruhr 1955, S. 17–27

6 Anonym (wahrscheinlich Hans Hirschmann), Der Stand der deutschen Familienrechtsreform, in: Herder Korrespondenz 6. Jahrgang 1951/52, S. 325–330

7 Beschluß der Eherechtskommission der Evangelischen Kirche in Deutschland zur Eherechtsreform vom 24./25. September 1954, in: Hans Adolf Dombois und Friedrich Karl Schumann (Hg.), a.a.O., S. 61–66

8 Hans Adolf Dombois, Gleichberechtigung der Geschlechter – Fortschritt oder Not?, in: Hans Adolf Dombois und Friedrich Karl Schumann (Hg.), a.a.O., S. 77–88

9 Gertrude Reidick, Die hierarchische Struktur der Ehe, Karl Zink Verlag München 1953, S. 41 f. und S. 49 f.

10 Albert Ziegler, Das natürliche Entscheidungsrecht des Mannes in Ehe und Familie. Ein Beitrag zur Frage der Gleichberechtigung von Mann und Frau, F. H. Herle Verlag Heidelberg – Verlag E. Nauwelaerts Löwen 1958, S. 282

11 Anonym, Die Gleichberechtigung der Frau und ihre Grenzen . . ., in: Herder Korrespondenz Jg. 5, 1950/51, S. 92

# Diplomatie, weibliche

»Darf ›sie‹ um ›ihn‹ werben? Sicher steht vor dem geistigen Auge bei dieser Frage blitzschnell das Bild irgendeines aufdringlichen weiblichen Wesens, das den armen Mann nach systematischer Jagd zum Altar schleppt . . . Gewiß sind derlei weibliche Wesen ausgesprochene Greuel. Denn noch immer ist es das schönste Recht der Frau, sich umwerben zu lassen, und ihre schönste Pflicht, in weiblicher Zurückhaltung nicht den ersten, sondern den zweiten Schritt zu tun, wenn es um Dinge der Liebe und Ehe geht. Die unverblümt auf Männerfang ausgehende Frau ist noch abstoßender als der tollste Frauenjäger . . . Wenn doch die Frauen wüßten, daß sie mit solchen Attacken ihre besten Waffen aus der Hand geben und daß es der schönste frauliche Sieg ist, eigene Wünsche zart und diplomatisch in die männliche Initiative einzubauen.«

*Dr. Gertrud Oheim, 1955**

Ein Mann darf sein Ziel offen ansteuern und den ersten Schritt tun. Eine Frau muß warten oder ihre Absichten so kaschieren, daß der Mann gar nicht merkt, daß ihm ein Ring durch die Nase gezogen wurde. Letzteres hieß *weibliche Diplomatie* und wurde den Frauen keineswegs nur empfohlen, wenn es um das Knüpfen zarter Bande ging, sondern war für sie in Beruf und Ehe, beim Behördengang und bei Autopannen das Mittel der Wahl. Weil es ihrer Natur entspreche. Ihrer Natur nach war nämlich die Frau – jede Frau – passiv, re-aktiv, duldend, wartend. Das war allgemein bekannt. Verhaltensvorschriften hatten den Zweck, die natürlichen Verhältnisse aufrechtzuerhal-

* Gertrud Oheim, Einmaleins des Guten Tons, Gütersloh 1955, 121 f.

ten. Daß es das überhaupt brauchte, lag an den schlechten Zeiten. Diese drohten die Frau sich selbst zu entfremden. Die Zeiten waren schon immer schlecht. Deshalb gab es solche Handlungs- bzw. Nicht-Handlungsanweisungen schon seit jeher. Aber das nur am Rande.

In der Liebe und Sexualität hatte sich die Frau erobern zu lassen. Und wenn sie erobert werden wollte, hatte sie *nein* zu sagen. Wegen der weiblichen Diplomatie. Und weil es ja sonst nichts zu erobern gegeben hätte. Und weil eine bereitwillige Frau der Schrecken aller Männer ist. Kein Mann, der was auf sich hält, will mit *so einer* was zu tun haben. Denn der Mann will erobern. Naturgemäß. Auch das war allgemein bekannt.

Wenn eine Frau also *nein* sagte, meinte sie *vielleicht.* Mindestens. Und eine Frau, die *nein* sagte und *nein* meinte? Das gab es nicht. Jede Frau will erobert werden. Aber nicht bereitwillig. Hach, ist das kompliziert! Kenne sich einer bei den Frauen aus! Da lob ich mir die Männer. Da ist ein Ja noch ein Ja und ein Nein ein Nein.

Liebe und Sexualität waren das eine. Der Alltag das andere. Und für diesen wurde der Frau etwas *gespielte Hilflosigkeit* anempfohlen. Besonders im beruflichen Bereich schade der Frau nichts mehr als energisches Auftreten oder gezeigte Kompetenz. Die kluge Frau stelle sich dumm und schwach. Damit komme sie weiter. Das wecke den Kavalier im Mann. Und dann hilft er ihr bei der Steuererklärung, beim Radwechsel, beim Koffertragen.

Was wären die Frauen ohne Männer! Völlig aufgeschmissen wären sie! Wie? Was? Sie können Ihr Rad selber wechseln? Werden es wohl nötig haben! Wenn Sie so weitermachen, werden Sie sich noch ganz andere Dinge selbst besorgen müssen!

Merke: Eine Frau, die nicht an die Ritterlichkeit des Mannes appelliert, hat sich die Folgen selbst zuzuschreiben.

Das alles war – und ist! – gar nicht so lustig. Im Gegenteil. Eigentlich ist die Sache mit der *weiblichen Diplomatie* eine traurige Angelegenheit. »Attacken – Waffe – Sieg«: Kein Zufall, daß das Benimmbuch von 1955 solche kriegerischen Worte gebrauchte. Denn wenn es auch nicht gerade um Krieg ging, so doch wenigstens um die *Feindschaft zwischen den Geschlechtern.* Die war auch natürlich. Was ebenfalls allgemein bekannt war. Tatsächlich trugen solche Dinge wie die *weibliche Diplomatie* zur Feindschaft bei. Vielleicht nicht zur natürlichen, aber zur realen. Daß den Frauen der direkte, gerade, ehrliche Weg versperrt wurde, daß sie sich kleiner, dümmer, schwächer machen mußten, als sie waren: das hatte Folgen. Ein solches erzwungenes Verhalten macht neidisch, giftig und bösartig.

Ab und zu begegne ich in Therapiestunden noch Frauen, die diese *weibliche Diplomatie* ihren Männern gegenüber praktizieren, oder Töchtern, denen sie von ihren Müttern empfohlen wird. Und jedesmal erschreckt mich, wieviel Verachtung gegenüber den Männern (den vorgeblich geliebten Männern) dabei zum Ausdruck kommt. »Der Mann ist das Haupt und die Frau der Hals, der das Haupt dreht.« Sie lacht sich eins und läßt ihn in dem Glauben, er sei der Herr im Haus. Ein Mann ist ja so dumm, es braucht so wenig, um ihn da zu haben, wo frau ihn haben will. Ein bißchen Schwindeln hier, ein bißchen Augenaufschlag da, mal ein sexuelles Zugeständnis, mal eine als Migräne getarnte sexuelle Verweigerung. Frau lernte ihn zu behandeln wie einen Feind. Oder wie einen dummen Jungen. Not macht erfinderisch. Wer nicht offensiv sein darf, wird subversiv.

Vielleicht stimmt das alles gar nicht. Vielleicht waren solche Hals-Haupt-Sprüche auch nur eine Männererfindung, um die Frauen glauben zu machen, sie hätten Macht. Vielleicht erlagen die Frauen einem Selbstbetrug, wollten ihm erliegen.

Es wird wohl mal so und mal so gewesen sein. Sicher ist aber eins: Wenn die Männer merkten, daß sie geleimt worden waren, dann waren sie schlechte Verlierer. Dann hieß die empfohlene, die andressierte, die erzwungene *weibliche Diplomatie* nicht mehr so, sondern es handelte sich um *Falschheit.* Eine typisch weibliche Eigenschaft, wie allgemein bekannt war.

# Doppelbelastung

»Jetzt richtet meine Mutter das Essen her, und sie muß auch schon für morgen herrichten. Dann muß meine Mutter die Strümpfe stopfen. Mein Vater spielt mit mir ›Mensch ärgere Dich nicht . . .‹«

*Schüleraufsatz, 1956**

Unendlich viele Krokodilstränen wurden vergossen über das Schicksal der berufstätigen verheirateten Frau. »Sämtliche medizinische Autoren betonen, daß gerade die doppelte bzw. dreifache Belastung der Frau durch Haushalt, Mutterschaft und Erwerbstätigkeit viel zuviel ist für den weiblichen Organismus und daher Gesundheitsschädigungen früher oder später unausbleiblich sind«[1], schreibt der Autor, der auch den obigen Schüleraufsatz veranlaßte. Er hat recht. Und er hat nicht recht. Die Überforderung hatte nichts damit zu tun, daß der belastete Organismus »weiblich« ist. Aber das sah niemand. Durchweg lautete die Schlußfolgerung: *Berufstätigkeit und Hausarbeit zusammen sind für die Frau zuviel, also soll sie nicht berufstätig sein.* Kein Mensch – schon gar kein Mann – kam auf die Idee zu folgern: *also müssen die Arbeiten anders verteilt werden.* Daß die Forderung, den Frauen die *Doppelbelastung* zu ersparen, keineswegs nur zartfühlender Anteilnahme entsprang, versteht sich von selbst. Die Männer woll(t)en zu Hause nicht zum Staubsauger greifen, sondern in die vorgewärmten Pantoffeln schlüpfen. Außerdem verminderte jede Frau, die zu Hause blieb, Konkurrenz am Arbeitsplatz. Aber das ist nicht alles. Wenn in den Untersuchungen über berufstätige Frauen

* Otto Speck, Kinder erwerbstätiger Mütter – Ein soziologisch-pädagogisches Gegenwartsproblem, Stuttgart 1956, 76

allerhöchstens in Nebensätzen davon die Rede ist, daß die Männer ihren Anteil an der Hausarbeit leisten sollten, so ist das auch das Resultat der strikten Aufgabentrennung zwischen Mann und Frau. Solches nannte auch das Bundesverfassungsgericht beispielsweise »funktionale Aufgabenverschiedenheit«, und diese war »natürlich«, »biologisch« oder »schöpfungsbedingt«, je nach Geschmack. Frauen können nicht Auto fahren, Männer nicht putzen. Das war – jenseits aller bequemen Ausflüchte – eine so tiefverwurzelte Überzeugung, daß man blind für eine partnerschaftliche Lösung war.

Der Mann hatte nach Feierabend das sichere Bewußtsein, seinen Teil erledigt zu haben. Die Frau hatte das ebenso sichere Bewußtsein, daß der Haushalt ihre Angelegenheit war. Sie erzog ihre Kinder so, daß sich das auch in der nächsten Generation nicht änderte. Nicht etwa weil sie Masochistin war, sondern weil alles andere eine Schande gewesen wäre. Ihr Ehemann bügelnd? Ihr Sohn strümpfestopfend? Sie hätte sich ja nicht mehr unter die Leute trauen können!

Wie sah die *Doppelbelastung* damals aus, von der etwa 30 % der Frauen im erwerbsfähigen Alter betroffen waren?

Die durchschnittliche Arbeitszeit im Beruf betrug 1960 45,8 Stunden (die 5-Tage-Woche wurde erst in den 70er Jahren eingeführt). Mit diesen knapp 46 Stunden ist noch nicht alles gesagt. Nach einer Untersuchung von 1956 waren 40 % der berufstätigen Frauen wochentags 10 Stunden aus dem Haus, 23 % 11 oder 12 Stunden. Ein eigenes Auto für die Fahrt zur Arbeit gab es damals kaum für eine Frau, die meisten hatten nicht mal einen Führerschein. Die öffentlichen Verkehrsmittel waren so wenig tauglich, wie sie es heute sind.

War die Frau nun schließlich zu Hause, mußte sie kochen oder Vorgekochtes aufwärmen. Fertiggerichte gab es nicht, sieht man von Tütensuppen (Erbswurst!) ab. Ein Kühlschrank war ein Luxusgerät, das bevorzugt dort zu finden war, wo die Dame des Hauses über ein Dienstmädchen verfügte. (In Zahlen: 1956 besaßen 15 % aller bundesrepublikanischen Haushalte einen Kühlschrank.) Ach, ihr jungen Leute, was wißt ihr vom sonntäglichen Kampf um die Schlagsahne, wenn es warm war! Wurde sie steif, oder gab es eine Brühe? Geschlagen wurde sie übrigens mittels Körperkraft. Ganz früher mit dem Schneebesen (ich empfehle den Versuch!), später mit dem Sahnerädchen. Die Sahne war das wenigste. Viel schlimmer war im Winter das Heizen. Ofenheizung war die Regel. Und keineswegs alle Männer empfanden das frühmorgendliche Anheizen und Kohleschleppen als eine typisch männliche Aufgabe. Oder das Wäschewaschen! Das geht heute nebenher. Aber Waschmaschinen gab es nicht immer, auch wenn es kaum glaublich scheint. Ich entsinne mich, daß meine Eltern Anfang der 60er Jahre ein vorteilhaftes Arrangement (mindestens für uns) mit einem befreundeten Ehepaar vereinbart hatten. Selbiges besaß nicht nur eine Waschmaschine, sondern – kaum zu glauben – sogar ein Fernsehgerät. Jeden Dienstag (ich meine, es war dienstags, wo der wöchentliche Krimi kam) brachen meine Eltern mit dem Wäschekorb auf zum Fernsehabend. Die Zeit davor war meine Mutter alle 14 Tage mit Großmutter und Putzfrau einen ganzen Morgen in der Waschküche gestanden, und es wurde gerubbelt, gestampft und gewrungen. Mittags gab es *was Schnelles*, und im letzten Wasser durfte ich baden. Meine Mutter war nicht berufstätig und hatte eine Putzfrau. Für die Frauen, von denen hier die Rede ist, galt: Sonntag ist Waschtag und Bügeltag und Putztag und Flicktag. In den sogenannten Ferien war dann Großreinemachen fällig.

». . . es ist beängstigend, . . . wie ähnlich sich die Gesichter dieser Frauen sind . . . In der Regel sind diese Patientinnen blaß, oft grau und verfallen, . . . haben Untergewicht, obgleich sie angeblich genügend essen, ihr Ausdruck ist verspannt, manchmal hart oder voll unterdrückter Angst. Ihre Bewegungen sind hastig, unruhig, fahrig. Sie schlafen schwer ein, obwohl sie todmüde sind, und haben dadurch ständig zuwenig Schlaf . . .«[2]

Wen wundert's?

Wundern taten sich die Untersucherinnen und Untersucher der doppelbelasteten Frauen darüber, daß auffallend viele von ihnen angaben, auch dann berufstätig sein zu wollen, wenn es *nicht nötig* wäre. Wie gesagt, sie wunderten sich. Aber nachgedacht haben sie nicht darüber, soviel ich weiß.

1 Otto Speck, a.a.O., S. 79
2 Hedwig Herrmann, Die außerhäusliche Erwerbstätigkeit verheirateter Frauen. Eine sozialpolitische Studie, Ferdinand Enke Verlag Stuttgart 1957, S. 16

# Elterliche Gewalt

»Unsere Eingaben ... wanderten in den ungeheuer großen ministeriellen und parlamentarischen Papierkorb. Die Antwort – wenn wir überhaupt eine bekamen – betonte dann immer voll rührender Besorgnis, wir Frauen wüßten selber nicht, was uns fromme! Deshalb sagte man kurzerhand nein. Ähnliches hört und liest man auch heute noch. Unsere angebliche Hilfsbedürftigkeit steht doch in einem auffallenden Gegensatz zu den überaus bewegten Appellen an unsere weibliche Einsicht, an unseren weiblichen Instinkt, an den unvergleichlichen Wert unserer Urteilskraft ... Der volle Chor dieser Lobpreisungen ertönt regelmäßig vor jeder Wahl ... Um so beleidigender war für uns immer – jetzt soll es abgeschafft werden – der Verlust der elterlichen Gewalt für die Mutter bei Wiederverheiratung. Oder, fragten wir uns immer wieder erstaunt, verdummt man denn durch Heirat derart, daß man nun nicht mehr imstande ist, seine Kinder selber zu erziehen? ... Also sind wir ... logischerweise weder Vater- noch Mutterrechtler, wir sind ganz schlicht Elternrechtler. Wer das nicht sein will, der leugnet meines Erachtens die Einheit der Familie ... Wer das nicht zugeben und danach nicht handeln will, der muß meines Erachtens den Mut haben, im Gesetz nicht von elterlicher Gewalt, sondern von väterlicher Gewalt zu sprechen. Dann ist wenigstens der Text wahr, und man kann sich nicht wie bisher hinter Begriffen verstecken, die keinen Inhalt haben. Dann soll man von väterlicher Gewalt sprechen, kraft derer der eine den anderen beherrscht. Und nun wieder das Merkwürdige, daß – das sind so gewisse schöne Sprüche – uns Frauen als unsere natürliche, gottgewollte, höchste Aufgabe zugeteilt sei die Verantwortung für die Kinder, die voll zu behalten und auszuüben aber nur die Witwe berechtigt ist, die verheiratete Frau nicht.«

*Dr. Dr. h. c. Marie Elisabeth Lüders MdB, 1954**

Weil die FDP-Abgeordnete in ihrer brillanten Rede vor dem Bundestag eigentlich schon alles Wesentliche gesagt hat, kann ich mich kurz fassen. Zunächst aber ist es doch notwendig, einige Begriffe zu erklären. »Elterliche Gewalt«, das klingt wüst, und nicht wenige nahmen und nehmen das wörtlich. (Worin sie der alte § 1631.2 des Bürgerlichen Gesetzbuches durchaus bestärkt haben mag, demzufolge der Vater »kraft des Erziehungsrechtes angemessene Zuchtmittel gegen das Kind anwenden« kann.) Aber darum geht es eigentlich nicht, sondern um dreierlei:

1. Wer sorgt für das Kind und betreut es? (Personensorge)
2. Wer bestimmt über seine Erziehung? (elterliche Gewalt)
3. Wer vertritt das Kind gegenüber Dritten? (elterliche Vertretung)

Die Sorge und die Betreuung konnte man getrost den Müttern überlassen. Sie waren dazu verpflichtet. Alles, was mit Arbeit zu tun hatte, war Frauensache. War aber Macht im Spiele, und ging es um das Recht zu entscheiden, waren die Kinder Angelegenheit des Mannes.

Die elterliche Gewalt stand dem Vater zu. Bis 1953 unumstritten ihm allein (§ 1627 BGB a(lte) F(assung). Im Gleichberechtigungsgesetz von 1957 mit Einschränkungen: Da entschied der Vater nur, wenn sich die Eltern nicht einig waren. In den Fällen, in denen sie sich einig waren, entschied die Frau. Sozusagen. Dasselbe galt für die Vertretung des Kindes nach außen.

Konkret hieß das: Bis zur Aufhebung dieser gesetzlichen Regelungen durch das Bundesverfassungsgericht im Jahr 1959

* Marie Elisabeth Lüders in: Protokoll des zweiten Deutschen Bundestags, 15. Sitzung vom 12. 2. 1954, 504–506

hatte die verheiratete Mutter nicht das Recht, den Namen des Kindes, seine Konfession, Schule und Ausbildung zu wählen. Wollte der Vater, daß das Kind ins Internat kommt, kam es ins Internat. Befand er, daß Karl May keine passende Lektüre sei, gab's keinen Karl May. War er gegen Flötenunterricht und für Klavierstunden, gab es keinen Flötenunterricht, und es wurden Klavierstunden genommen. Wollte er, daß die zweitausend Mark, die sein Kind von der Oma geerbt hatte, auf die Sparkasse kommen, kamen sie dorthin.

Es spielt hier keine Rolle, daß die Praxis im allgemeinen nicht so kraß aussah, sondern die Eltern damals wie heute meist einvernehmlich handelten. Wichtig ist die faktische Kraft des Normativen. Und wichtig ist, wie die Dinge im Konfliktfall gehandhabt werden. Bei schönem Wetter braucht man keinen Regenschirm. Daraus wird niemand schließen, es sei gleichgültig, ob er Löcher habe. Das Recht ist der Regenschirm für den Konfliktfall, und mit dem stand die Frau ganz schön im Regen.

Selbst wenn es um lebensbedrohliche Situationen ging, gab es Ärzte, die nicht auf die händeringende Mutter hörten, er solle doch endlich operieren. Mindestens der Versuch wurde gemacht, die Zustimmung des Vaters, der vielleicht auf Montage war, zu erreichen. Wir wollen nicht dramatisieren. Solche Situationen sind nicht alltäglich. Aber war es nicht schon demütigend genug, daß eine Mutter zwar die Pflicht hatte, mit ihrem fiebernden Kind zum Kinderarzt zu gehen, in der Sprechstunde aber gesagt kriegen konnte, die notwendige Penizillinspritze werde erst nach Vorlage der Einverständniserklärung des Vaters verabreicht?

Damit endet die Paradoxie männlich-juristischer Logik jedoch nicht, damit fängt sie erst richtig an: Hatte die Mutter nämlich das Glück oder Unglück (in diesem Zusammenhang läßt sich das nicht so genau sagen), daß der elterliche Gewaltträger – also ihr Mann – verstarb, so erhielt sie die volle elterliche Gewalt. Ebenso, wenn ihr im Fall der Scheidung die Kinder zugesprochen wurden. Falls sie aber erneut heiratete, verlor sie die elterliche Gewalt wieder. Strafe muß sein. Die Kinder bekamen einen Vormund.

Wer jetzt annimmt, daß es einem sich wiederverheiratenden Witwer genauso erging, beweist, daß er nicht denken kann. Mindestens nicht juristisch.

Die nichteheliche Mutter hatte bis 1962 überhaupt keine Möglichkeit, die elterliche Gewalt über ihr Kind zu bekommen. Das wäre ja auch noch schöner, wenn sie bessergestellt wäre als eine anständige Ehefrau!

# Empfängnisverhütung

»Sehr verehrte Frau Ministerin! Die unterzeichneten Ärzte haben mit großer Sorge Kenntnis genommen von der wachsenden öffentlichen Propagandawelle für Empfängnisverhütung und Geburtenbeschränkung, der sich nach den Veröffentlichungen der Presse auch führende Persönlichkeiten der Bundesrepublik nicht verschlossen haben. Aus einer in der Zeitschrift ›Constanze‹ abgedruckten Äußerung Ihrerseits haben wir entnommen, daß beabsichtigt sei, das Verbot der öffentlichen Werbung für empfängnisverhütende Mittel abzuschaffen ... Die unterzeichneten Ärzte erheben hiermit in aller Form Protest gegen diese den medizinischen und ethischen Ordnungen des ärztlichen Berufsstandes zuwiderlaufenden Art und Weise, dieses schwierige Problem zu behandeln ... Wir bitten Sie deshalb, das ganze Problem in Zusammenarbeit mit verantwortlichen Fachleuten ... unter allen geistigen, moralischen, biologischen, politischen und wirtschaftlichen Gesichtspunkten durchzuarbeiten, so daß Ärzteschaft und Gesundheitsministerium zu gemeinsamen Vorstellungen und Richtlinien kommen, die den Gegebenheiten der natürlichen Schöpfungsordnung ebenso entsprechen wie den besten Traditionen abendländischer Gesittung.«

*Vorstand der Ärzteschaft des Kreises Ulm, 23 Professoren für Frauenheilkunde und mehrere hundert Ärzte, 1964**

Natürlich wurde seit jeher verhütet. Für die fünfziger Jahre liegen die Schätzungen bei 70–80 %. Professor Gesenius, dem

* Vorstand der Ärzteschaft des Kreises Ulm et al., Offener Brief an Frau Bundesministerin Dr. jur. Elisabeth Schwarzhaupt, in: Arzt und Christ, 1964, 237–242, 237 f.

die Bundesrepublik das erste Buch über Empfängnisverhütung verdankt (und zwar 1959!), schrieb: ». . . wie peinlich es für die meisten Ärzte sein dürfte, wenn die Patientin auf eine Moralpredigt über Geburtenregelung mit der Frage reagieren würde: ›Wie viele Kinder haben denn Sie, Herr Doktor?‹«[1] Aber was der Herr Doktor macht, wäre natürlich etwas ganz anderes gewesen.

Die Anmaßung, mit der die Ärzteschaft – von wenigen Ausnahmen abgesehen – die Menschen, insbesondere die Frauen bevormundete, ist heute nicht mehr vorstellbar. (Ich schreibe das, wohl wissend, daß die Bevormundung längst noch nicht aufgehört hat.) Die Ärzte fühlten sich berufen, dort als Sittenwächter einzuspringen, wo auf die Theologen schon keiner mehr hörte. Sie handelten als Agenten eines patriarchalen Staates und hatten auf diese Weise Anteil an dessen Macht. »Dienstmänner der amtierenden Sexualideologie« nannte sie Sigusch einmal. Wohlgemerkt: Es geht hier nicht um die fachliche Autorität des Arztes, der beurteilen kann (oder besser gesagt: beurteilen können sollte), ob und wann z. B. die Pille gesundheitsschädlich ist. Sondern es geht darum, daß die Ärzte ihr Wissen und weitgehendes Verfügungsmonopol über empfängnisverhütende Mittel benutzten, um der Bevölkerung ihre Moral aufzuzwingen. Dabei war es mit dem Wissen über Empfängnisverhütung bei den Ärzten auch nicht weit her. Gesenius schreibt, er habe immer wieder Staatsexamenskandidaten und junge Ärzte befragt, ob sie während ihres Studiums etwas über Methoden der Empfängnisverhütung gehört hätten: »Sie haben sämtlich mit ›nein‹ geantwortet.«[2] Bei einer Befragung deutscher Allgemeinärzte und -ärztinnen von 1972 konnten gerade mal 7 % die richtige Reihenfolge der Sicherheit von Kondom, Temperaturmethode und Coitus interruptus nennen. Selbst Sätze wie »Temperaturmethode, was ist das?« kamen vor.

Wo aber Wissen fehlt, springt die rechte Moral in die Bresche. Wenn die rechte Moral noch im ärztlichen Kittel daherkommt, dann sagen die Leute, *der muß es ja wissen*, wohingegen sie beim Pfarrer eher denken, *der muß so reden.* Der Brite Comfort schrieb in der Anfangszeit der Pille: »Unsere Aufgabe, schädliche Nebenwirkungen festzustellen, würde erheblich erleichtert, wenn jeder Arzt, der über dieses Thema schreibt, gezwungen werden könnte, seine konfessionelle Zugehörigkeit zu offenbaren.« Niemand könne »so gewissenlos sein wie die Frommen«, meinte er in bezug auf die »Flüsterkampagne«, durch »vage Anspielungen auf Krebs und mißgestaltete Kinder vom Gebrauch dieser Mittel abzuhalten«.[3]

So war es tatsächlich: Die Ärzte sagten *Gesundheitsrisiko* und meinten tatsächlich ihre repressive Sexualmoral. Diese Vermengung machte und macht es für Laien so schwer, zu beurteilen, was von *gesichterten wissenschaftlichen Erkenntnissen* zu halten ist. In den »Ärztlichen Mitteilungen« von 1957 war zu lesen, »daß es nach der Ansicht einer ganzen Reihe von erfahrenen Autoren unter allen Methoden zur Empfängnisverhütung keine einzige gibt – auch die Knaus-Ogino-Methode macht hier keine Ausnahme –, die als körperlich völlig unschädlich zu bezeichnen wäre«. Coitus interruptus begünstige Organneurosen sowie Entzündungen des Gebärmutterhalses und Vaginismus. Das Kondom führe zu Scheidenentzündungen, das Pessar begünstige Krebs, und bei Zäpfchen usw. seien als Folge Keimschädigung und mißgebildete Kinder »nicht von der Hand« zu weisen. Des weiteren zählt der Autor auf: »Potenzstörungen, Eileiterschwangerschaft, Zwangsideen, Angstneurosen, Schädigungen des Nervensystems«, und schließlich: »Nicht selten ist die Zerrüttung einer durch den Präventivverkehr kinderlos gebliebenen Ehe gerade auf diesen Umstand zurückzuführen.«[4]

Für die Theologen waren dergleichen ärztliche Erkenntnisse ein gefundenes Fressen. Triumphierend wird über eine Untersuchung an 2000 Frauen berichtet, die Empfängnisverhütung betrieben hätten: Entzündungen und Krebs seien als Folge festgestellt worden, »ganz gleich, welche Methoden dazu verwendet werden«. Recht geschieht's ihnen! Wobei die seelischen Folgen gerade für die Frau noch viel schlimmer seien: »Die Frau aber hört auf, seelisch Frau zu sein, verfällt der Sinnlichkeit, ihre Mütterlichkeit wird untergraben. Unbewußt wird vom Körper die Seele getötet.«[5]

Das war vor der Pille.

Mit der Pille wurde alles anders, sagen manche. So abwegig ist die Behauptung nicht, die Pille habe mehr zur Veränderung der Gesellschaft beigetragen als die gesamten 68er Ereignisse.

Daß die Pille von den damaligen Wächtern über Sitte und Anstand tatsächlich als ein gefährlicher Angriff gewertet wurde, beweisen Reaktionen wie die der oben zitierten Ärzte. Die »wahllose Ausgabe solcher Tabletten würde ... bei vielen weiteren Frauen in und außerhalb der Ehe die letzten Bremsen gegen den modernen Sexualisierungstrend beseitigen«, schrieben sie. Aber damit nicht genug. Ohne »scharfe Kontrolle« der Vergabe der Antibabypille würde Deutschland ein »sterbendes Volk«, ja es käme letztlich zu einer »weltweiten farbigen Rassenfront der ›proletarischen Völker‹ ... unter rotchinesischer Führung«.[6]

Was 1968 Professor Saller – auch er ein Mediziner – meinte: »Die Promiskuität nimmt unter dem wachsenden Schutz durch die Pille zu«[7], das sahen vier Jahre später noch viele Ärzte genauso. In einer Befragung bejahten 42 % den Satz, die Pille habe »zu einer besorgniserregenden Infragestellung und Auflösung wichtiger sittlicher Werte«[8] geführt. Ein bekannter Frauenarzt meinte, durch die Pille werde die »körperliche Liebe automatisiert«, was schlimm genug sei. »Außerdem ist die Angst die Vorstufe der Moral, welche man nicht ganz abschaffen sollte.«[9] Die Angst, nicht die Moral.

Das ist es: Herrschaft durch Aufrechterhaltung von Angst und Unwissenheit (»Unausrottbar scheint der Irrtum, als sei Unwissenheit schon eine Tugend«, meinte ein liberaler Standeskollege). Wenn die Leute aus bloßer Lust miteinander ins Bett gehen wollen, dann soll sie die Angst vor Schwangerschaft daran hindern oder mindestens das Vergnügen mindern. Nach Kenntnissen der Ulmer Ärzte seien 50 % der gezeugten Kinder »zunächst« nicht gewollt. Da läßt sich leicht ausmalen, was passieren würde, überließe die politische und ärztliche Autorität einfach den Betroffenen die Entscheidung über ihr Beischlafverhalten. Deshalb war es ja so wichtig, daß die Werbung und damit die Information über empfängnisverhütende Mittel weiter verboten bleiben sollte. Professor Giese, der in der Aufklärung – oder besser in der Nichtaufklärung – ein »politisches Instrument« sah, wetterte gegen »populärwissenschaftliche Literatur«, bei der sich hinter »der einfachen Beschreibung . . . gelegentlich auch eine politische i. e. S. parteipolitische Tendenz« verberge »wie z. B. die Beschreibung der Anwendung von Verhütungsmitteln mit dem Ziele der Geburtenbeschränkung«.[10] Giese, den man ja nun wirklich nicht zu den konservativen Scharfmachern rechnen kann, stand nicht allein. Harmsen, der erste Leiter von pro familia, teilte die Ansicht, das Verbot einer offenen *Propaganda* für empfängnisverhütende Mittel sei erforderlich. Später, 1961, beschloß der Gynäkologenkongreß Richtlinien für die Verschreibung der Pille. Punkt zwei lautet: »Die Schwangerschaftsverhütung, die auf diesem Wege ohne gesundheitliche Schäden für die Frau möglich ist, darf grundsätzlich nur für verheiratete Frauen angewandt werden und am ehesten auch dann, wenn sie bereits Kinder haben.«[11] Die Pille wird gesundheitlich für unbedenklich erklärt, und im gleichen Atemzug wird ihre Abgabe auf den Kreis der Verheirateten beschränkt: Schöner kann man sich selbst nicht decouvrieren.

Drei Jahre später, 1964, brachte der »Spiegel« unter der Überschrift »Anti-Baby-Pillen nur für Ehefrauen?« ein Interview mit dem »Vorkämpfer für die Anti-Baby-Pille«, Professor Kirchhoff, dem wir schon in weniger rühmlichem Zusammenhang begegnet sind. Befragt, was er täte, wenn ein junges Mädchen von ihm die Pille wolle, antwortete er: »Ich würde die Bitte abschlagen.« Als die Interviewer sich von seinen ins Feld geführten »medizinischen« und »biologischen« Bedenken nicht so ganz überzeugt zeigten, ließ er die Katze aus dem Sack: »Ich habe . . . vielleicht auch Vorurteile . . . Nun, diese unreifen Menschenkinder nehmen doch das Geschlechtsleben wie eine Alltäglichkeit hin ... Ich bin ein moderner Mensch, glaube ich – auch in Ihren Augen, hoffe ich. Aber ich habe noch, das gestehe ich gerne, gewisse Eierschalen.«

Spiegel: »Nur ist die Frage: Machen Sie es besser, wenn Sie dem Mädchen ... die Pillen verweigern?«

Kirchhoff: »Sie haben recht ... Mir wäre es lieber, es wäre anders. Zurückdrehen können wir nicht, da muß man helfen ...«

Spiegel: »So ganz sehen wir noch nicht den prinzipiellen Unterschied, den Sie in der Behandlung von verheirateten und unverheirateten Frauen machen.«

Kirchhoff: »Ich gebe die Möglichkeit zu, daß in Zukunft auch Unverheirateten dieser Weg der Empfängnisverhütung offenstehen könnte.«[12]

Bis dahin aber war noch Zeit. 1970 brachte die Bundesärztekammer Leitsätze zur Verschreibung der Pille an Minderjährige heraus. Damals hatten etwa 50% der siebzehnjährigen Mädchen bereits sexuelle Erfahrungen. Mädchen unter sechzehn Jahren sollten Ovulationshemmer grundsätzlich nicht erhalten, bestimmte die Bundesärztekammer. Zwischen sechzehn und achtzehn Jahren sollten sie nur verschrieben werden, wenn die Einwilligung der Eltern vorlag. Frauen über achtzehn Jahren sei die Gunst der Pille zu gewähren, »wenn nach Auffassung des Arztes die für eine eigene verantwortliche Entscheidung erforderliche Reife vorhanden ist«.[13]

Schwanger werden durfte frau aber nach wie vor ohne vorheriges Reifeattest des Arztes.

1 Heinrich Gesenius, Empfängnisverhütung, Verlag Urban und Schwarzenberg München und Berlin 1959, S. 138
2 Heinrich Gesenius, a.a.O., S. 149
3 Alex Comfort, Der aufgeklärte Eros. Plädoyer für eine menschenfreundliche Sexualmoral, Szczesny Verlag München 1966, S. 216
4 C. M. Genewein, Soll sich der Arzt positiv zur Beratung der Empfängnisverhütung stellen, in: Ärztliche Mitteilungen (Deutsches Ärzteblatt) Nr. 6 vom 21. 2. 1957, S. 165–167
5 S. Rödleitner, Reifende Liebe, Linz 1953, S. 37 f.
6 Vorstand der Ärzteschaft des Kreises Ulm et. al., a.a.O., S. 240 f.

7 Karl Saller, Die biologischen Grundlagen, in: Christa Rotzoll (Hg.), a.a.O., S. 51–67
8 Klaus Pacharzina, Moralwächter im weißen Kittel. Zur Sexualmedizin in der Allgemeinpraxis, Verlag Andreas Achenbach Lollar 1978, S. 234
9 Eberhard Schaetzing, Die unverstandene Frau, in: Das Heidelberger Studio. Eine Sendereihe des Süddeutschen Rundfunks. Krise der Ehe? Piper & Co. Verlag München 1966, S. 65–78
10 Hans Giese, Die politische Rolle der Frage nach dem Wesen der menschlichen Sexualität, in: H. Bürger-Prinz und H. Giese (Hg.), Beiträge zur Sexualforschung, Ferdinand Enke Verlag Stuttgart 1952, Heft 1, S. 20–26
11 Frankfurter Rundschau vom 24. 10. 1961: Ärzte packen glühendes Eisen an
12 Anti-Baby-Pillen nur für Ehefrauen? Spiegel-Gespräch mit dem Direktor der Universitäts-Frauenklinik Göttingen, Professor Dr. Heinz Kirchhoff, in: Der Spiegel Nr. 9 (1964), S. 79–89
13 Ovulationshemmer für junge Mädchen? . . . Leitsätze der Bundesärztekammer für die Verordnung, in: Bundesärztekammer und Kassenärztliche Bundesvereinigung (Hg.), Deutsches Ärzteblatt (Ärztliche Mitteilungen) Heft 40 vom 3. 10. 1970, S. 2907 f.

# Fräulein Mutter

»Dann erinnere ich mich noch an ein Mädchen aus unserer Stadt. Die war schwanger und nicht verheiratet. Die flog zuerst zu Hause mal raus. Dann hat eine ältere Dame sie aufgenommen. Und als das Kind da war, durfte sie wieder nach Hause, aber sie hat Ausgangssperre gekriegt. Und die war schon über zwanzig. Nur wenn wir alle kamen und haben sie abgeholt, eine Menge Mädchen, da durfte sie mitgehen. Und dann hat sie erzählt, das Schlimmste war damals bei der Entbindung, als sie sich an der Hebamme hat festhalten wollen, dann hat die gesagt: ›Deinen Spaß hast du gehabt, aber jetzt soll ich dir helfen!‹ Das hat mich damals sehr beeindruckt. Sie hat mir erzählt, die Hebamme hätte irgendwelche Comichefte gelesen, und sie lag nebendran allein . . . Der Vater war bekannt. Der hat dann später in allen Ehren geheiratet. Der wurde nicht geschnitten und nichts. Von niemand.«

*Elisabeth M., geboren 1948*

Wie können Menschen nur so herzlos und ungerecht sein? Weil es ihnen so beigebracht worden war! Vom Herrn Pfarrer beispielsweise. Wie die *Barmherzigkeit* aussah, die man kirchlicherseits *gefallenen Mädchen* angedeihen ließ, darüber ließe sich viel erzählen. Aber lassen wir die Herren Theologen mal aus dem Spiel und beschränken uns auf die anderen Hüter der Moral, auf den Gesetzgeber und die Juristen. Die wiesen ja oft genug hin auf die »sittenbildende Kraft« ihrer Paragraphen, und im Nichtehelichenrecht haben sie wahrlich die Sitten gebildet.

Von Recht läßt sich in diesem Zusammenhang nur sehr eingeschränkt reden. Es handelte sich um Regelungen, bei denen die Männerkumpanei in jedem Satz offensichtlich wird und deren Moral darin bestand, die Frauen zu demütigen und zu schikanieren, damit die Verwerflichkeit ihres Tuns allen ihren Geschlechtsgenossinnen abschreckend vor Augen geführt würde.

Das fing mit § 1589 des Bürgerlichen Gesetzbuches an, der bis 1962 in Kraft war: »Ein uneheliches Kind und dessen Vater gelten nicht als verwandt.« Das hatte zunächst praktische Folgen – z. B. bei Erbansprüchen –, wichtiger scheint mir aber die symbolische Bedeutung: Mit dem nichtehelichen Kind hat ein Mann nichts zu tun; lediglich eine Frau kann nichteheliche Kinder haben.

Bis zum selben Jahr 1962 stand der nichtehelichen Mutter weder die elterliche Gewalt über ihr Kind zu, noch war sie dessen gesetzliche Vertreterin. Sie hatte lediglich das »Recht und die Pflicht, für die Person des Kindes zu sorgen« (§ 1707 BGB a. F.). Alles andere erledigte ein Amtsvormund, der ihr automatisch beigegeben wurde. Das hieß: Die nichteheliche Mutter durfte/mußte zwar Windeln waschen und Breichen kochen, nachts aufstehen, wenn ihr Kind schrie, und ihm die Schularbeiten nachschauen, ob es aber eine höhere Schule besuchen sollte oder bei ihm eine Mandeloperation durchgeführt wurde, darüber befand der Amtsvormund. Selbstredend ging es dabei nur um das Wohl des Kindes. Es gab Juristen, die waren so besorgt um dessen Wohlergehen, daß sie vorschlugen, die nichtverheiratete Frau solle unter Strafandrohung verpflichtet werden, sich sofort nach Feststellung der Schwangerschaft beim Jugendamt einzufinden, um sich bevormunden zu lassen. Das war 1954. Die Tatsache einer nichtehelichen Schwangerschaft war ja ein hinlänglicher Grund, um an der moralischen Eignung der Frau zu zweifeln, ein Kind zu erziehen: »Es ist ... zu berücksichtigen, daß die ue. (gemeint: uneheliche) Mutter ihre Mutterschaft in aller Regel auf ein sittlich zu mißbilligendes Verhalten zurückführen muß, das charakterliche Mängel indiziert.«[1] Das war 1963. Ein Mediziner fragte: »Welcher Mann will schon ein junges Mädchen als Frau akzeptieren, das sich ohne Bedenken einem anderen hingab, der sie dann trotz seiner Vaterschaft einer Heirat für nicht würdig ansah?«[2] Das war 1971.

Von 1962 an konnte die nichteheliche Mutter die elterliche Gewalt zugesprochen bekommen, wenn sie einen Antrag stellte. Ob diesem entsprochen wurde, hing vom Vormundschaftsgericht ab. Dieses mußte zur Feststellung kommen, »daß die Kindesmutter nach ihren (derzeitigen) allgemeinen Verhältnissen und ihrer geistigen und charakterlichen Entwicklung, ihrer menschlichen Reife, den ihr zufallenden Befugnissen und Pflichten gewachsen erscheint«.[3] Das galt bis 1969. Es gab ganz kecke Leute, die fragten, warum denn eine entsprechende Eignungsprüfung nicht für alle Eltern zur Erlangung der elterlichen Gewalt vorgesehen würde. Welch törichte Frage! »Bei ehelichen Kindern durfte der Gesetzgeber mit Recht davon ausgehen, daß die Eltern ihrer umfassenden Erziehungsaufgabe in aller Regel besser nachkommen, als der Staat je vermöchte. Bei ue. (gemeint: unehelichen) Kindern kann ein solches Regelverhältnis hingegen, wie die Erfahrungen der Praxis zeigen, leider nicht angenommen werden.« Nichteheliche Mütter seien »sehr häufig (wenigstens zunächst)« ungeeignet zur Übernahme weitergehender Rechte, weswegen der Staat einer »typischen Gefährdung« zu steuern habe.[4]

Soviel zu den Frauen. Die Männer tauchten in dem Zusammenhang nur auf, wenn's ums Geld ging. Oder besser: sie tauchten ab. Die Möglichkeit dazu hatte der Gesetzgeber in seiner Fürsorge reichlich gegeben. »Als Vater des unehelichen Kindes . . . gilt, wer der Mutter innerhalb der Empfängniszeit beigewohnt hat, es sei denn, daß auch ein anderer ihr innerhalb dieser Zeit begewohnt hat« (§ 1717 BGB, gültig bis 1969). Die Einschränkung klingt nicht unvernünftig, auf alle Fälle aber harmloser, als sie war. Tatsächlich bedeutete die »Einrede wegen Mehrverkehrs«, daß ein Mann vor Gericht nur einigermaßen plausibel zu machen brauchte, daß er nicht der einzige war, und schon lief nichts mehr. Der Unterhalt brauchte in diesem Fall keiner der möglichen Kandidaten zu zahlen, bis die Vaterschaft medizinisch festgestellt war. Das dauerte damals Jahre und endete nicht selten ergebnislos. Der kluge Mann besprach sich also mit einem Freund, der vor Gericht aussagte, er habe auch ... Das kam so häufig vor, daß es für solche Kinder einen eigenen Namen gab: Man nannte sie G.m.b.H.- oder Genossenschaftskinder. Aber auch wenn das nicht klappte, brauchte einem Mann nicht allzu bange zu sein. Zahlen mußte er, bis das Kind sechzehn Jahre alt war (ab 1962 bis zum vollendeten 18. Lebensjahr), und maßgeblich für die Unterhaltsbemessung war praktischerweise der soziale Status der Frau. Denn die Wahrscheinlichkeit, daß ein Geschäftsinhaber sein Lehrmädchen schwängerte, war größer als daß die Studienrätin ein Kind von einem ihrer Schüler bekam.

Sollte aber der – wie gesagt mit seinem Kind rechtlich nicht verwandte – Mann irgendwann doch mal sein Vaterherz entdecken, war auch vorgesorgt: »Ein uneheliches Kind kann auf Antrag seines Vaters durch eine Verfügung der Staatsgewalt für ehelich erklärt werden« (§ 1723 BGB, gültig bis 1969). Bevor wir in dankbare Rührung ausbrechen, sehen wir uns die Sache einmal näher an. Gedacht war bei diesem Paragraphen nicht (mindestens nicht in erster Linie) an die Fälle, bei denen die Eltern nachträglich heiraten und den Nachwuchs *legitimieren* wollten. Sondern: Ob und mit wem der Antragsteller verheiratet war, spielte keine Rolle. So konnte paradoxerweise ein lebenslanger Junggeselle zu einem ehelichen Kind kommen. Daß ihm dabei ohne vorherigen Eignungstest die volle elterliche Gewalt und Vertretung zustand und er sich keineswegs mit einem Amtsvormund herumplagen mußte, verstand sich von selbst.

Welche Rolle spielte die Mutter bei diesem Verfahren? Normalerweise war ihre Einwilligung erforderlich. Aber diese war ersetzbar durch eine entsprechende Entscheidung des Vormundschaftsgerichts. Wenn dieses zu dem Schluß kam, daß dem Kind bei Ablehnung des väterlichen Antrags »unverhältnismäßige Nachteile« entstünden, genügte das. Es war nicht nötig, daß die Mutter »ihre Pflichten gegenüber dem Kind gröblich verletzt und die Einwilligung böswillig verweigerte«, wie ein Jurist 1962 kritisch bemängelte (auch kritische Juristen gab es, Gott sei Dank!).

Kurzum: Der Mann konnte erst einmal abwarten, wie sein Kind sich entwickelte. Gab es zu berechtigten Hoffnungen Anlaß, war immer noch Zeit genug, sich mit ihm zu schmükken. Wenn nicht, blieb es bei der Mutter und lieferte dort den augenscheinlichen Beweis, daß bei nichtehelichen Kindern einfach der *Wurm drin* ist. Was natürlich seine Ursache in den *charakterlichen Mängeln* der Mutter hatte.

1 Wolfgang Rüfner, Zum Elternbegriff des Grundgesetzes, in: FamRZ (Zeitschrift für das gesamte Familienrecht) 1963 (10. Jg.), S. 153–157
2 Werner Freytag, Sex – Ehe – Gesellschaft. Ein Handbuch aus ärztlicher Sicht, Freiburg 1971, S. 33
3 Horst Göppinger, Die Übertragung der elterlichen Gewalt auf die uneheliche Mutter. FamRZ 1961 (8. Jg.), S. 516–518
4 Walter F. Lindacher, Übertragung der elterlichen Gewalt auf die Kindesmutter, in: FamRZ 1964 (11. Jg.), 277–280

# Geld

»... Was Anschaffungen waren, was über drei Suppenteller rausging, da hat zuerst der Mann gefragt werden müssen. Das war auch nicht üblich, daß die Frau auf die Sparkasse hätte gehen können und Geld holen. Da hat es schon extreme Fälle gegeben, wo die Frau sich nicht mal getraut hat, eine neue Schürze zu kaufen, ohne ihn zu fragen. Und wenn dann tatsächlich mal eine Frau auf die Sparkasse gehen konnte, dann hieß es gleich, daß der Mann unterm Tisch sitzt und nichts zu sagen hat.«

*Irma V., geboren 1959*

Ja, auf dem Land! Da mag es so gewesen sein. Da waren die Leute ja hundert Jahre zurück.

Nun, vielleicht waren sie etwas zurück. Aber keine hundert Jahre. Denn was Frau Irma V. erzählte, entsprach bis zum 31. 3. 1953 Recht und Gesetz. Bis zu diesem Tag galt das alte Recht des Bürgerlichen Gesetzbuches. Und das enthielt – gewissermaßen als Generalklausel für die Ehe – folgende Bestimmung: »Dem Manne steht die Entscheidung in allen das gemeinschaftliche eheliche Leben betreffenden Angelegenheiten zu; er bestimmt insbesondere Wohnort und Wohnung« (§ 1354.1 BGB a. F.). Dieser Satz war selbstverständlich nicht nur in finanzieller Hinsicht folgenreich, aber eben auch da, und zwar nicht zu knapp.

Weil die Ehefrau nun aber auch gesetzlich verpflichtet war, den gemeinsamen Haushalt zu besorgen (§ 1356 BGB a. F.), mußte ihr wohl oder übel Geld zum Einkauf von Kartoffeln, Mehl und Seife zugestanden werden. Dies war auch durch einen Paragraphen geregelt. Die Bestimmung zur sogenannten »Schlüsselgewalt« lautete: »Die Frau ist berechtigt, innerhalb ihres häuslichen Wirkungskreises die Geschäfte des Mannes für ihn zu besorgen und ihn zu vertreten ... Der Mann kann das Recht der Frau beschränken und ausschließen ...« (§ 1357 BGB a. F.)

»Die Geschäfte des Mannes für ihn zu besorgen.« Das muß frau sich auf der Zunge zergehen lassen. Im Klartext heißt das: Kaufte die Frau ein Pfund Salz, so handelte es sich in (juristischer) Wirklichkeit um ein Rechtsgeschäft zwischen dem Kaufmann und dem Ehemann. Die Frau hatte dabei die Rolle der Geschäftsführerin ihres Mannes. Nun könnte man sagen: *Sei's drum, Hauptsache, die Suppe schmeckt!* Aber es ging eben um mehr als um juristische Spitzfindigkeiten. Dieser Paragraph hatte zur Folge, daß nicht wenige Männer über jeden Pfennig des Haushaltsgeldes (dessen Höhe selbstverständlich sie nach Gutdünken bestimmten) Rechenschaft verlangten. Und zwar mit Recht. Mindestens mit dem Recht der Gesetzbücher und Richterurteile.

Erst 1957 wurde die Schlüsselgewalt so geregelt, daß die Frau das Salz auch in juristischer Hinsicht selbst kaufte. Aber im Haushalt war ja noch anderes nötig als die Dinge des täglichen Bedarfs. Und da stieß die verheiratete Frau schnell an ihre Grenzen. 1957 wurde per Urteil festgestellt, daß eine Inspektorsfrau nicht eigenmächtig eine Badezimmergarnitur kaufen dürfe. Ein solches Rechtsgeschäft war – da nicht durch die Schlusselgewalt gedeckt – null und nichtig. Faktisch war es demzufolge so: Ging ein Mann in einen Laden und suchte sich einen Tisch, ein Radio oder eben eine Badezimmergarnitur aus, konnte der Verkäufer ohne Bedenken sagen: *Sehr wohl, der Herr, wann dürfen wir liefern?* Tat dasselbe eine Frau, mußte derselbe Verkäufer vorsichtig schauen, ob die rechte Hand der Dame ehelich beringt war. Wenn ja, tat er besser daran, der Kundin vorzuschlagen, sie möge doch – um sicher zu sein, daß auch der Geschmack des verehrten Herrn Gemahls getroffen sei – nochmals mit ihm wiederkommen.

Aber nicht genug damit. Bis zu jenem denkwürdigen 31. 3. 1953 galten noch ganz andere Bestimmungen. Zum Beispiel war das gesamte Vermögen der verheirateten Frau vom Zeitpunkt der Eheschließung an »der Verwaltung und Nutznießung des Mannes unterworfen« (§ 1363 BGB a. F.), und zwar sowohl jenes, das ihr vor der Ehe gehörte, als auch jenes, das sie im Verlauf ihrer Ehe erwarb (mit Ausnahme ihres persönlichen Schmucks, ihrer Kleider, gegebenenfalls noch einiger Haushaltsgegenstände und dessen, was sie durch ihre eigene Arbeit bzw. aus eigener selbständiger Tätigkeit verdiente). Der einzige Schutz dagegen war, daß sie vor der Eheschließung z. B. ihr eigenes Auto, ihr ererbtes Haus, ihre Briefmarkensammlung ausdrücklich in einem Ehevertrag als »Vorbehaltsgut« deklarierte. Aber wer macht denn auch so was? Das sieht ja nach Mißtrauen gegenüber dem künftigen Ehemann aus, und wenn es schon so anfängt ... Hatte die Frau also solches versäumt oder gewann sie während der Ehe im Toto, sah es für sie düster aus: Ihr Mann konnte sie zu Fuß gehen lassen und ihr Auto selbst fahren, ihr Haus vermieten oder umbauen und mit dem Toto-Gewinn Aktien kaufen und den Gewinn einstreichen. Er war seiner Frau darüber keine Rechenschaft schuldig, denn er handelte nicht als ihr Vertreter (wie sie bei Angelegenheiten der Schlüsselgewalt), sondern kraft eigenen Rechts. Lediglich Auskunft mußte er ihr geben. Wenn sie es verlangte. Er brauchte auch ihre Zustimmung nicht, solange er nur *verwaltete* und den *Nutzen* aus ihrem Vermögen *zog*. Umgekehrt brauchte die Frau seine Zustimmung, ob sie nun ihr Sparkonto auflösen, ihren Acker verpachten oder gar den antiken Schrank ihrer Oma verkaufen wollte. Ohne diese Zustimmung des Ehemannes waren ihre Rechtsgeschäfte »unheilbar unwirksam«, wie es im schönen Juristendeutsch hieß.

Es gab fast niemanden, der ernsthaft die Ungerechtigkeit dieser Gesetze bestritten hätte. Aber als nach ihrer Aufhebung die Frauen zunächst eher ratlos dastanden und es häufig genug nach der Devise ging: *Mach du das ruhig weiter, ich verstehe doch nichts davon*, da meldeten sich schnell Männer zu Wort, die nur zu gern den Schluß zogen: *An finanziellen Dingen sind*

*Frauen nicht interessiert.* Und wenn sich Frauen ungeschickt anstellten (wie sollte es auch anders sein), war zu hören: *Diese alte Regelung hatte eben doch gute Gründe!*

Ich habe mich jetzt auf die **Rechtslage** in den ersten vier Jahren der Bundesrepublik beschränkt. Aber die Folgen der Paragraphen reichten weiter als bis zu gerichtlichen Auseinandersetzungen. Die Behandlung der verheirateten Frauen als »beinah völlig geschäftsunfähig«, wie es ein Jurist damals formulierte, war prägend. Interesse entwickelt sich nur dort, wo etwas bewirkt werden kann. Und auch in finanziellen Dingen fällt Selbstvertrauen nicht vom Himmel, sondern wird durch Übung erworben.

Schließlich ist Geld ein Machtfaktor. *Wer zahlt, schafft an* oder – wie es ein Bundestagsabgeordneter formulierte: ». . . wer durch seine Arbeit die Kosten bestreitet, wer die Familie ernährt, der soll das größere Recht haben – ob Mann oder Frau, ist mir dabei ganz gleichgültig . . .«[1] Dem Gesetzgeber in seiner Gesamtheit, also dem Bundestag, war das weniger gleichgültig. Bis 1976 durfte die verheiratete Frau nur berufstätig sein, »soweit dies mit ihren Pflichten in Ehe und Familie vereinbar ist« (§ 1356 BGB in der Fassung von 1957). Der Ehemann war demgegenüber zu keinerlei Rücksichtnahme gegenüber seiner Frau und seinen Kinder verpflichtet. So konnte er ungehindert an seiner Karriere basteln, was gleichzeitig seine familiäre Position stärkte, weil doch er es war, der das Geld beibrachte. Die Folgen dieser Regelung sehen wir noch heute allenthalben. Zum Beispiel daran, daß 1989 nur 12 % der Rentner eine Rente unter 600 DM erhielten, dagegen aber 53 % aller Rentnerinnen.

Das Kapitel soll enden, wie es begonnen hat: mit einer kleinen Erzählung. Eine Bekannte hat sie mir berichtet. Nachdem sie geheiratet hatte, ging sie zu ihrer Bank, um ihr Konto, das sie seit zehn Jahren dort hatte, auf den neuen Namen umschreiben zu lassen. Der Mann am Schalter fragte nach der Einverständniserklärung des Ehegatten. Natürlich hatte sie keine.

Daraufhin weigerte sich ihr Gegenüber, die Namensänderung wie gewünscht zu vermerken. Erst nach der Drohung mit der Auflösung des Kontos und durch die Hinzuziehung eines Vorgesetzten konnte der Angestellte überzeugt werden, daß er nicht mehr ganz up to date war.

Diese Geschichte spielte nicht auf dem Land. Sondern in Berlin. Ende 1975.

1 Bundestagsabgeordneter Ewers in: Protokoll der 239. Sitzung des 1. Deutschen Bundestags vom 27. 11. 1952, S. 11067

# Geschlechtsspezifische Erziehung

»Jedes Kind ist Kind, aber außerdem noch ein Junge oder ein Mädchen. Das dürfen wir nicht vergessen. Die Kultur eines Volkes lebt von der gesunden Spannung zwischen den Geschlechtern. Wenn Mann und Frau sich wesensmäßig anzugleichen beginnen, stirbt die Kultur ... Viele Eltern sind glücklich, wenn sich Tochter und Sohn gleichartig entwikkeln oder zumindest sich im gemeinsamen Spiel zusammenfinden. Das ist falsch, denn der Junge nähert sich dem Mädchen, das Mädchen dem Jungen an. Jungen aber sollen Männer werden und nicht weich und empfindsam. Mädchen sollen Frauen, Mütter werden und nicht hart und unduldsam. Weiche Männer und harte Frauen sind Zerrbilder ... Den Unterschied zwischen Jungen und Mädchen lassen wir auch in der Kleidung kräftig gelten bzw. deutlich werden. Jungen tragen eben Hosen und Mädchen Röcke. So war es über tausend Jahre lang bei uns üblich. Warum sollte es heute anders sein? ... Auch bei den Spielen achten wir auf den Unterschied zwischen Jungen und Mädchen ... Jungen brauchen nun einmal eine Streitaxt oder ein Schwert ... Und Mädchen brauchen Puppen ... Neigen die Kinder zu Spielen und Beschäftigungen, die nicht ihrem Geschlecht entsprechen, versuchen wahrscheinlich die meisten Eltern, ihnen unauffällig die Gelegenheit zu diesen Spielen zu entziehen, sie gewissermaßen in die andere Richtung zu locken. Das aber ist kaum nötig, wenn man von vornherein keine falschen Verlokkungen aufbaut. Der Vater braucht ja zum Beispiel nicht mit seiner kleinen Tochter Fußball zu spielen. Und es ist falsch, den kleinen Sohn ständig in der Küche zu beschäftigen ... Besonders bei der Schulwahl muß Rücksicht auf das Geschlecht des Kindes genommen werden. Der Ehrgeiz der Eltern, ihre Mädchen auf das Gymnasium zu schicken, ist verwunderlich ... Am Ende können diese armen Mädchen weder schneidern, noch kochen, noch Säuglinge pflegen, geschweige denn erziehen.«

*Dr. Dr. Sigurd Hild, 1964**

Eigentlich hätten Leute wie Hild beim Schreiben ihrer Erziehungsratgeber merken müssen, daß es offensichtlich beträchtlicher Anstrengung und Lenkung bedurfte, um Mädchen im gewünschten Sinne mädchenhaft und Jungen jungenhaft werden zu lassen. Wenn Sanftheit tatsächlich eine so typisch weibliche Veranlagung wäre und Härte wirklich zum Wesen des Mannes gehörte, wozu dann der Aufwand? Dann müßte sich das gewünschte Ergebnis doch auch von allein ergeben! Aber solche Überlegungen wurden nicht angestellt, wenigstens nicht laut. Das, was man selber tat und anempfahl, war keine Manipulation, sondern *Förderung der natürlichen Anlagen.* Traf man auf einen Jungen, der lieber las als Fußball zu spielen, so war das eine bedauerliche Ausnahme, die die Regel bestätigte. Fand sich ein Mädchen, das lieber sein Fahrrad auseinandernahm als Pudding zu kochen, lag ein Erziehungsfehler vor, der sich noch bitter rächen würde.

Wenn das Ergebnis anders war als gewünscht, wurde vorwurfsvoll-moralisierend Klage geführt, daß es in der heutigen Zeit so schwer sei, Mädchen gemäß ihrer Natur zu erziehen, daß die Eltern leider viel zu nachlässig geworden seien oder gar in falsch verstandener Modernität Jungen wie Mädchen gleich behandelten. War jedoch das Mädchen sanft und fügsam und der Junge robust und expansiv, dann war das nicht die Folge der Erziehung, sondern Natur pur, die Erziehung hatte dann lediglich der Natur zum Durchbruch verholfen.

Daß alle glauben, nur die andern manipulieren, indoktrinieren, ideologisieren, ist eine Binsenweisheit. Aber dieses abso-

* Sigurd Hild, Sexualerziehung – Ein Ratgeber für Eltern, Gütersloh 1964, 15, 17, 19–21

lut fehlende Nachdenken über das eigene Tun, das Pädagogen, Psychologen und Ärzten damals eigen war, ist mit dieser allgemein menschlichen Neigung nicht ausreichend erklärt. So dumm waren sie denn doch nicht. Mindestens nicht alle. Vielmehr ging es darum, die bedrohte Fiktion von den starren Unterschieden zwischen Männern und Frauen in die nächste Generation hinüberzuretten. Es gab ein ganz präzises Schema, in das angeblich alle Männer paßten, und zwar von Kindesbeinen an. Für Frauen gab es ein diametral entgegengesetztes Schema, in das diese sich samt und sonders in gleicher Weise problemlos einfügen ließen. Daß es sich so verhielt, galt selbstverständlich als wissenschaftlich erwiesen. Alle Jungen waren lebhaft schon vom Mutterleib an. Waren sie es nicht, waren sie eben keine *richtigen* Jungen. Jedes Mädchen spielte gern mit Puppen, falls nicht, war das Anlaß, sich Sorgen zu machen. Der Spielraum der individuellen Entfaltung war durch die starren Geschlechtsrollen eng begrenzt. Und wer sich nicht dran halten wollte, sollte es bereuen, dafür wurde gesorgt. Ein Mädchen, das sich *wie ein Junge* verhielt, sollte sich was schämen. Ein empfindsamer Junge wurde zum Gespött der Kameraden.

Kein Wunder, daß es unter solchen Umständen schon schwierig war, die eigene individuelle Art, die eigenen Vorlieben und Stärken überhaupt nur zu entdecken. Wie sollte ein Mädchen herausfinden, daß es vorzüglich mit Holz umgehen konnte, wenn ihm nur die Nähnadel in die Hand gedrückt wurde? Wie sollte ein Junge merken, daß er Spaß am Kochen hatte, wenn dergleichen *Weiberkram* war und seine Mutter ausdrücklich dazu angehalten wurde, ihn nicht zu häufig in der Küche zu beschäftigen?

Um wieviel schwerer war es, sich selbst nicht nur zu entdecken, sondern zu verwirklichen! Das ging nicht ohne Verletzungen und Kränkungen ab, die prägten. Sie machten Menschen, die sich nicht in das Schema pressen lassen wollten, vielleicht mißtrauisch, verschlossen, überempfindlich. Genau das gab dann wieder die Bestätigung: *Er/sie war ja schon immer etwas verschroben, anders als die andern.* Fazit: Besser man blieb beim großen Haufen und spielte als Junge mit dem Holzgewehr und als Mädchen mit der Puppe, wie es angeblich dem eigenen Wesen entsprach.

Bei dieser geschlechtsspezifischen Erziehung ging es last not least auch um die Aufrechterhaltung patriarchaler Herrschaft. Diese kann nun einmal nur so lange bestehen, wie Jungen anders und zu anderem erzogen werden als Mädchen. Vereinzelt wurde das auch offen ausgesprochen, etwa: Mädchen sollten früh an ihre künftigen Aufgaben im Haushalt herangeführt werden, sonst bekämen sie nur Flausen und fügten sich nicht mehr in ihr Schicksal.

Der Untergang der Kultur, der häufig beschworen wurde, falls Mädchen und Jungen gleich erzogen würden, dürfte die wenigsten Eltern sonderlich beeindruckt haben. Was aber wirkte, war die Drohung mit dem künftigen Unglück der Kinder. Der sanfte Junge wird kein rechter Mann, er scheitert im Leben. Das burschikose Mädchen wird nie geheiratet (und welches Schicksal kann für ein weibliches Wesen schlimmer sein!). Wer ist schuld? Die Eltern. Insbesondere selbstverständlich die Mütter, die aus kaltem Egoismus ihre Söhne verzärtelten oder in *krankhaftem Ehrgeiz* ihre Töchter vom Pfad echten weiblichen Glücks abbrachten.

Wer sich einen Erziehungsratgeber kauft, tut das meist aus dem Wunsch heraus, es *richtig* machen zu wollen. Dieser Wunsch und das Gefühl, für viele Fragen keine Antwort zu wissen, machen unkritisch und anfällig für den Glauben, auf alle Fragen gebe es eine einzig richtige, zeitlos gültige Antwort, und *der Fachmann* wisse sie. Die Frauen und Männer, die 1964 die Ratschläge von Hild und Konsorten gläubig aufnahmen und bei der Erziehung ihrer Kinder sorgfältig anwandten, sind heute zwischen 50 und 60 Jahren. Vielleicht hüten sie jetzt ihre kleinen Enkelinnen und Enkel. Sie haben sich sicher inzwischen verändert, und ihre Töchter und Söhne lesen andere Ratgeber. Aber wieviel vom alten Ballast schleppen sie alle noch mit sich? Der Fortschritt ist eine Schnecke.

# Gleichberechtigungsgesetz

»Der Satz, daß alle Menschen gleich seien, wird mißdeutet. Solche Mißdeutung sieht in der Gleichberechtigung nichts anderes als eine schematische Gleichmacherei, Gleichsetzung und Gleichbehandlung. Gleichberechtigung meint, daß Gleiches gleich und Ungleiches ungleich behandelt wird ... Die abendländische Auffassung von der Ehe ist nämlich gar nicht so patriarchalisch, wie man oft annimmt. Tatsächlich betrachtet die abendländische Auffassung von der Ehe Mann und Frau als gleichwertig, vor allem in ethischer Hinsicht und von der Menschenwürde her. Die Autorität und Entscheidungsbefugnis des Mannes läßt sie ja nicht in der ehemännlichen Willkür, sondern in dessen besonderem Amt und seiner Aufgabe, für das Wohl der Familie zu sorgen, gründen ... Nun, meine Damen und Herren, noch einige wenige Bemerkungen zu der formalen Gleichberechtigung. Ich glaube kaum, daß irgendeine Frau und Mutter eine formale Gleichberechtigung, wie sie von einigen Seiten gefordert wird, überhaupt will. (Beifall bei der CDU/CSU) Die Frau und Mutter empfindet ja schon die Zunahme ihres Einflusses in der Familie als eine steigende Belastung mit Aufgaben und Verantwortung für die gesamte Familie. (Zustimmung bei der CDU/CSU) Diese Wandlungen haben der Frau und Mutter nicht eine Vergrößerung ihrer persönlichen Freiheitssphäre oder eine bessere Möglichkeit zur persönlichen Bildung und Entfaltung, sondern nur mehr Arbeit und mehr Sorge gebracht. (Erneut Zustimmung bei der CDU/CSU)«

*Familienminister Dr. Wuermeling, 1954**

* Familienminister Franz-Josef Wuermeling, in: Protokoll der 15. Sitzung des 2. Deutschen Bundestags vom 12. 2. 1954, 489, 491 f.

Vielleicht schreibe ich doch mal ein Buch darüber. Mit all den Fußnoten, die ich mir hier verkneifen muß. Denn wie und daß das Gleichberechtigungsgesetz schließlich doch noch zustande kam, ist eine so lehrreiche Geschichte, daß alle die Lügen gestraft werden, die da behaupten, Recht und Politik seien langweilig.

Am Anfang war das Grundgesetz. Sein Artikel 3 Absatz 2 ist zwar klar: »Männer und Frauen sind gleichberechtigt.« Aber mit der Behauptung allein war es nicht getan. Das wußten auch die zahlreichen Väter und die weniger zahlreichen Mütter der bundesrepublikanischen Verfassung, die deshalb in Artikel 117.1 festsetzten: »Das dem Artikel 3 Absatz 2 entgegenstehende Recht bleibt bis zu seiner Anpassung an diese Bestimmung des Grundgesetzes in Kraft, jedoch nicht länger als bis zum 31. März 1953.«

Bis zu diesem Zeitpunkt galten zum Beispiel folgende Bestimmungen des Bürgerlichen Gesetzbuches (BGB):

- Dem Manne stand die Entscheidung in allen das gemeinschaftliche eheliche Leben betreffenden Angelegenheiten zu (§ 1354 BGB a. F.)
- Nur der Mann hatte die »elterliche Gewalt« über die Kinder, und nur er war ihr gesetzlicher Vertreter (§ 1627 und 1630 BGB a. F.)
- Der Mann konnte die Arbeitsstelle seiner Frau auch gegen ihren Willen kündigen (§ 1358 BGB a. F.)
- Das Vermögen der Frau stand während der Ehe unter Verwaltung und Nutznießung des Mannes (§ 1363 BGB a. F.)

Die SPD forderte zwar bereits 1949 die Regierung auf, einen entsprechenden Gesetzesentwurf vorzulegen. Aber erst drei Jahre später tauchte ein solcher als »Frucht einer langen, ich darf sagen, hingebungsvollen Arbeit« (so Justizminister Dehler) kurz im Parlament auf, um umgehend wieder in den Ausschüssen zu verschwinden, wo er – wie wir annehmen können – weiterhin hingebungsvoll bearbeitet wurde, um 1954 erneut ein Gastspiel im Bundestag zu geben. Dieses war genauso schnell beendet wie beim ersten Mal. Erst 1957 wurde das Gesetz im Parlament verabschiedet, 1958 trat es in Kraft. Allerdings müssen wir feststellen, daß auch die längste und hingebungsvollste Arbeit noch kein befriedigendes Ergebnis garantiert: 1959 kassierte das Bundesverfassungsgericht Teile des angeblichen Gleichberechtigungsgesetzes, weil sie nichts mit Gleichberechtigung zu tun hatten.

Aber wir sind der Zeit vorausgeeilt.

Die Frage, warum – entgegen der unmißverständlichen Vorgabe des Grundgesetzes – bis zum 31. 3. 1953 kein Gleichberechtigungsgesetz verabschiedet war, beantwortet sich nur zum Teil damit, daß es immer wichtigere Dinge zu tun gibt, als sich um die Belange von Frauen zu kümmern. Das ist heute nicht anders. Entscheidender aber war in diesem Fall, daß es viele gab, die ein Gleichberechtigungsgesetz, das diesen Namen verdient hätte, nicht wollten. Führend im Widerstand war die CDU/CSU – und die war an der Regierung – sowie die katholische Kirche. Den protestantischen Kirchen war eher gleichgültig, was passierte. Wenn sie allerdings gefragt wurden, machten sie sich ganz ähnlich wie die katholische Kirche stark für den Erhalt von Bestimmungen, die die Frauen benachteiligten. Nur ihr Ton war verbindlicher.

Argumentiert wurde beispielsweise, daß gut Ding Weile haben müsse. Schließlich greife die Reform »an die Wurzeln unseres Volkslebens nicht nur für die lebende Generation, sondern auf Jahrhunderte hinaus«. Der Zeitdruck würde durch »gewisse Linkskreise« erzeugt, man brauche dazu »nur die Behandlung dieser Dinge in der Deutschen Demokratischen Republik zu sehen«, um zu wissen, »wes Geistes Kind diese Bestrebungen« seien.[1] (Die DDR hatte nämlich bereits seit 1950 ein in Sachen Gleichberechtigung vorbildliches Familienrecht.) So gerieten also die, die auf Erfüllung der Verfassung pochten, in Verdacht, Verfassungsfeinde zu sein.

Der Versuch der Konservativen, beim Bundesverfassungsgericht einen Fristaufschub zu erreichen, scheiterte. Deshalb war mit dem 1. 4. 1953 das alte Recht außer Kraft, ein neues jedoch nicht vorhanden. Fortan war für über vier Jahre jeder Richter sein eigener Gesetzgeber, und derselbe Sachverhalt konnte in Celle anders entschieden werden als in Landau. Wobei im großen und ganzen schlimmer Unsinn vermieden wurde.

In der Zwischenzeit floß viel Tinte aus Juristenfedern, kein Argument war abwegig genug, um nicht in gedruckter Form zu erscheinen. Beispielsweise verdient es der folgende Satz, dem Vergessen entrissen zu werden: »Infolge der unstreitigen Präponderanz der Freiheit über die Gleichheit . . . muß auch die Freiheit der Frau gewährleistet bleiben, sie benachteiligende Ungleichheiten hinnehmen zu dürfen.«[2] Diese Kreierung eines Rechts der Frau auf Benachteiligung stammt von Professor Günter Dürig, dessen Grundrechtskommentar heute bei jedem Juristen, der etwas auf sich hält, im Regal steht. Dürig kämpfte damals außerdem gegen Präservativautomaten und war 1984 ein Gründungsmitglied der Juristen-Vereinigung Lebensrecht, deren Kampf gegen ein liberales Abtreibungsrecht so überaus erfolgreich war. Das gehört aber eigentlich schon eher unter das Stichwort *Zusammenhänge*, genau wie der Umstand, daß Dürigs Mitherausgeber des Grundgesetzkommentars, Maunz, sich dem Vernehmen nach als Artikelschreiber für rechtsradikale Postillen betätigte. Es ist schon erstaunlich, von welchen Leuten wir uns unsere Verfassung auslegen lassen.

Zwischen 1952 und 1957 gab es drei Parlamentsdebatten zu den diversen Gesetzesentwürfen. Quer durch die Reihen – mit Ausnahme der 1952 noch vorhandenen Kommunisten, die für ihre abweichende Auffassung reichlich Prügel bezogen – waren alle Abgeordneten einig mit dem, was Herr Dehler sagte: »Es widerspricht . . . in keiner Weise dem Grundsatz der Gleichberechtigung von Mann und Frau, daß der Gesetzgeber die natürliche Verschiedenheit der Geschlechter und die sich daraus ergebenden funktionellen Unterschiede berücksichtigt.«[3] Mit diesen »funktionellen Unterschieden« – einem damals gängigen Begriff – war nicht gemeint, daß der Frau weiterhin das Recht zustehen sollte, Kinder zu bekommen. Sondern er bedeutete: Der Mann ist für den Beruf und die Frau fürs Haus zuständig.

O-Ton SPD: »Wenn die Gesellschaft die materielle Sicherung der Familie gewährleistete, würden viele Frauen gern zum Mutterberuf als ihrer wesentlichen, wenn nicht einzigen gesellschaftlichen Aufgabe zurückkehren.«[4] Von der CDU wurde ergänzt, daß »das Wesen der Frau« »die volle Erfüllung, Vollendung und Krönung« in der Familie finde. Berufstätigkeit der Frau wurde geradezu als ein Verbrechen an ihr dargestellt. Mit Blick auf die DDR meinte Familienminister Wuermeling: »Ich meine, wir sollten unsere Frauen und Mütter nicht nur vor solchen Neuerern schützen, sondern wir sollten auch den Weg zu solchen Entwicklungen nicht eröffnen oder freigeben. In letzter Konsequenz enden diese Dinge dann im Kohlen- oder Uranbergwerk.«[5] Das ging der SPD denn doch zu weit. »Darf ich den Herrn Minister fragen, ob er die Gleichberechtigung der Frau als ein Abrutschen in den Uranbergbau betrachtet?« lautete eine Zwischenfrage.

Aber im Prinzip waren sich alle einig. Und weil sich alle so einig waren, wurde 1957 einstimmig (ich wiederhole: einstimmig, die Kommunisten, die das einträchtige Bild hätten stören können, waren längst nicht mehr im Bundestag) die Gesetzesformulierung angenommen, daß eine verheiratete Frau berechtigt sei, erwerbstätig zu sein, »soweit dies mit ihren Pflichten in Ehe und Familie vereinbar ist«. Dieser § 1356 BGB galt bis 1976. Erst dann besannen sich die Gesetzgeber und Gesetzgeberinnen darauf, daß es nicht Sache des Staates ist, vorzuschreiben, wie sich Eheleute untereinander Berufs- und Familienarbeit aufteilen wollten.

Während sich in diesem Punkt also alle einig waren, gab es scharfe Auseinandersetzungen zum sogenannten »Stichentscheid«. »Stichentscheid« hieß die Bestimmung, daß in Fällen, in denen sich die Eheleute nicht einigen konnten, der Mann entscheiden sollte. Zunächst war ein solcher Stichentscheid des Mannes auch für alle ehelichen Angelegenheiten vorgesehen. Damit hätte sich zum alten § 1354 BGB (»Dem Mann steht die Entscheidung in allen das gemeinschaftliche eheliche Leben betreffenden Angelegenheiten zu ...«) faktisch nichts geändert. Denn entweder hätte der Mann seinen Willen bekommen, weil seine Frau gleicher Ansicht war, oder weil er von seinem Recht zum Stichentscheid Gebrauch gemacht hätte. Im Lauf der Jahre entschied sich der federführende Parlamentsausschuß mit acht zu sieben Stimmen (!), diese Bestimmung zu streichen. In der entscheidenden Bundestagssitzung vom 3. 5. 1957 wurde von CDU-Seite der Antrag gestellt, sie doch wieder aufzunehmen. Ergebnis der Abstimmung: 172 Abgeordnete stimmten dem Antrag zu, 186 lehnten ihn ab.

Anders war es bei dem Stichentscheid des **Vaters** in Erziehungsfragen. Dies war die letzte Bastion der Verteidiger einer wahlweisen *natürlichen* bzw. *christlichen* Familienordnung, und diese Bastion gaben sie nicht preis. Argumentiert wurde – wie konnte es anders sein – mit dem Kindeswohl. Daß man dieses Letztentscheidungsrecht dem Manne übertragen wollte, habe selbstverständlich nichts damit zu tun, daß man gegen Gleichberechtigung sei, sondern, dies entspringe der natürlichen Ordnung und der »Schutzfunktion«, die der Mann für die Familie habe. Im übrigen handle es sich weit weniger um ein Recht als um eine Pflicht. Außerdem wurde der Teufel »Verstaatlichung der Familie« an die Wand gemalt (kurioserweiser gerade von denen, die durch den Staat vorschreiben lassen wollten, wie Frauen und Männer ihre ureigensten Angelegenheiten zu regeln hätten). Man sah Eltern in Scharen zum Vormundschaftsgericht laufen, weil sie offensichtlich für unfähig gehalten wurden, sich untereinander zu einigen. Daß auch gleichberechtigte Personen zu Entscheidungen kommen können, ging einfach nicht in die Köpfe.

Ähnlich wie mit dem Stichentscheid verhielt es sich auch bei der Frage der elterlichen Gewalt bzw. der elterlichen Vertretung. Die elterliche Gewalt wurde den Müttern zwar zugestanden, aber das Vertretungsrecht nach außen sollten nach wie vor die Väter allein haben. Das hieß: Weiterhin nur sie sollten berechtigt sein, die Konfession ihrer Kinder zu bestimmen, die Schule für sie zu wählen und ihre Ausbildungsverträge zu unterschreiben.

Das vorläufige Ende vom Lied war: Die SPD stimmte dem Gesetz insgesamt trotz des Stichentscheids des Vaters zu, wobei sie ihrer Hoffnung lebhaften Ausdruck verlieh, das anzurufende Bundesverfassungsgericht würde es schon richten. Die CDU/CSU stimmte ebenfalls zu, »wenn auch unter schweren Bedenken wegen der Ablehnung des Letztentscheids des Ehemanns in Angelegenheiten der Ehe«. Die FDP brachte in letzter Minute noch einen Änderungsantrag ein und schaffte damit einige Verwirrung, stimmte aber letztlich für das Gesetz.

Am 3. 5. 1957 wurde das Gleichberechtigungsgesetz also verabschiedet. Am 1. 7. 1958 trat es in Kraft, und am 29. 7. 1959 stellte das Bundesverfassungsgericht fest, daß sowohl der Stichentscheid des Vaters als auch dessen alleinige gesetzliche Vertretung des Kindes verfassungswidrig seien.

1 Maria Friedemann, Die katholische Frau zur Familienrechtsreform, in: Die christliche Frau 1952 (41. Jg.), S. 97–103
2 Günter Dürig, Art. 3 II GG – vom verfassungsrechtlichen Standpunkt gesehen, in: FamRZ 1954 (1. Jg.), S. 2–5
3 Bundestagsabgeordneter Dr. Dehler, in: Protokoll der 15. Sitzung des 2. Deutschen Bundestags vom 12. 2. 1954, S. 482
4 Bundestagsabgeordnete Meyer-Laule, in: Protokoll der 239. Sitzung des 1. Deutschen Bundestags vom 27. 11. 1952, S. 11060
5 Familienminister Wuermeling, in: Protokoll der 15. Sitzung des 2. Deutschen Bundestags vom 12. 2. 1954, S. 492 f.

# Gutes Benehmen

»Kann eine Dame in Herrenbegleitung zahlen? Die einstimmige Antwort all derer, die da ehrlich bemüht sind, der ein wenig verschütteten Etikette zu neuem Glanz zu verhelfen lautet: Nein – Unter keinen Umständen! . . . Das heißt nicht etwa, daß gute oder auch nur oberflächlich Bekannte nicht bei ›getrennter‹ Kasse ausgehen dürften. Natürlich können sie das. Und es wird in vielen Fällen aus nüchternen finanziellen Erwägungen sogar unumgänglich sein. Dennoch hat der Herr auch die Rechnung der Dame zu begleichen – sei es nun, daß sie ihm vorher bereits ihren Anteil gegeben hat, sei es, daß beide später die Auslagen miteinander verrechnen. Keinesfalls aber darf es passieren – leider ist es passiert! –, daß ein hochgestellter Herr sich mit zwei nicht minder hochgestellten Damen zum Essen verabredet, um dann die ihm vom Ober überreichte Rechnung mit den deutlichen Worten zurückzureichen: ›Nein – jeder für sich!‹ (Ein Beweis, daß auch versierte Kellner ihre Gäste zuweilen überschätzen.)«

*Karlheinz Graudenz, Erica Pappritz, 1965**

Benimm-Bücher sind der Spiegel einer Gesellschaft – und prägen sie. Fragen des guten Benehmens als Nebensächlichkeiten zu betrachten ist fahrlässig. Es sollen schon Leute gesellschaftlicher Ächtung verfallen sein, weil sie Kartoffeln mit dem Messer schnitten.

Scheinbar dienen Benimmregeln lediglich dazu, das Zusammenleben möglichst reibungslos zu gestalten, wie eine Art Straßenverkehrsordnung für den gesellschaftlichen Umgang.

* Karlheinz Graudenz, Erica Pappritz, Etikette neu, Südwest Verlag München 1965/66 (7. völlig neu bearbeitete Auflage), 272

Sicher erfüllen sie auch diese Funktion. Aber daneben sind sie Ausdruck der Machtverhältnisse und Instrument zur Systemstabilisierung im Dienst der Machthaber. Das klingt jetzt überzogen, ist es aber nicht. Der obige Text ist dafür ein kleines Beispiel: Nach außen tritt der Mann auf als der Potente, der big spender. Daß er gar nicht so großzügig sein kann, wie er (gern) tut, und sie keineswegs so unbetucht ist, wie sie sich geben muß – das darf nicht offenbar werden. Abkassiert wird, wenn's keiner sieht. Die Funktion der Benimmregel von 1965 bestand darin, eine Realität vorzutäuschen, während sie fünfzig Jahre zuvor noch eine gesellschaftliche Realität widerspiegelte. Die Frau mußte so tun, als lasse sie sich aushalten, während sie ihm tatsächlich nicht selten unter dem Tisch den Geldbeutel zuschob.

Diese Regelung kostete den Mann nichts. In den Fragen, wo es wirklich etwas kostete, fielen die Regelungen der Benimmbücher so aus, daß die Frau die Großzügige zu sein hatte. »Hier zahlt sie die Rechnung, nicht der Mann«, heißt es in demselben Benimmbuch, und meinte damit die nicht staatlich und kirchlich abgesegneten »engen Beziehungen zwischen Mann und Frau«. Sie bezahle mit ihrem guten Ruf, und der gute Ruf sei »das Kapital, das vielleicht gerade dann unersetzlich ist, wenn der Mann auftaucht, an dessen Seite man den Rest des Lebens in legitimer Gemeinschaft zurücklegen möchte«. Ein anderer Ratgeber für Benehmensfragen bläst ins selbe Horn: Es sei immer das Mädchen, »das so oder so dafür bezahlen muß, wenn einmal die letzte Schranke gefallen ist ... Denn heut noch gilt das harte Männerwort: ›Zum Amüsieren ist sie wunderbar, aber heiraten? Niemals!‹« Es war schon sonderbar: Ein solcher Satz – und die dahinterstehende Haltung – wurde nicht moniert. Wenn aber ein Mann im Lokal getrennte Rechnungen verlangte, war das unverzeihlich. Die Liste ließe sich verlängern: Das gute Benehmen verlangte, daß die Frau nicht nach der *Vergangenheit* des Partners fragte. Zum guten Ton gehörte es, seine Flirts nicht übelzunehmen (»Männer lieben die Jagd ...«). Benahm sich ein Mann daneben, dann hatte die Frau versäumt, »an die wohl in jedem anständigen Mann schlummernde Bereitschaft, Schwachen zu helfen«, zu appellieren, und es war auch »immer Sache der Frau«, den Ton unter Arbeitskollegen »in anständigen Grenzen zu halten«.

An den Regelungen, die beim Tanzen galten, läßt sich besonders gut zeigen, wie Vorschriften für *gutes Benehmen* Wirklichkeit konstruieren. Daß *von Natur aus* Männer aktiv und Frauen passiv sind, ist ein alter Schnack. Wer in den fünfziger oder sechziger Jahren ohne Vorwissen in eine Tanzveranstaltung geraten wäre, hätte diese Theorie bestätigt gefunden: Die Frauen blieben auf ihren Stühlen sitzen und warteten ohne jede Eigeninitiative, bis ein Mann aktiv wurde und sie zum Tanze holte. Daß dies überhaupt nichts mit der angeblichen weiblichen Passivität zu tun hatte, wissen wohl auch die jüngeren Leserinnen und Leser. Aber vielleicht nicht, wie streng die Bräuche waren. Kategorisch hieß es im »Einmaleins des guten Tons«: »Eine Dame darf nur bei einem von der Tanzleitung als Damenwahl angekündigten Tanz einen Herrn zum Tanz auffordern, und zwar nur solche Herren, die schon mit ihr getanzt haben.« Das bedeutete: Selbst bei der seltenen *Damenwahl* war der Spielraum, den die Frau hatte, durch die Männer begrenzt. Weiter galt: ». . . Daß Damen untereinander tanzen, ist nicht damenhaft und sollte nur im engsten Kreise geschehen. Es ist also nicht gegen, sondern im Sinne des guten Tones, wenn man als Frau die Aufforderung einer ›Dame‹, mit ihr zu tanzen, höflich ablehnt. Auch ein Mauerblümchen muß den Stolz aufbringen, lieber auf das Tanzen überhaupt zu verzichten, als mit einer Frau zu tanzen.«[1] Dieser Passus verrät unabsichtlich eine Menge: Offensichtlich waren die Frauen gar nicht so passiv. Vielmehr wollten sie tanzen, und zwar mehr als die Männer, denn sonst hätte sich das Problem, daß Frauen mit Frauen tanzen, kaum ergeben. Da es nicht erlaubt war, einen Mann aufzufordern, lag dieser Ausweg nahe. Aber solch ein Versuch, sich von Männern unabhängig zu machen, mußte unterbunden werden: Er wurde mit dem Ruch des Unanständigen bedacht. Eine Frau, die so was machte, wurde zur Dame in Anführungszeichen. Ob das »Mauerblümchen« tatsächlich zu »stolz« wäre, sich mit einer Geschlechtsgenossin zu vergnügen, stand nicht zur Debatte. Der Stolz wurde angeordnet.

An die Männer gab es Appelle: »Mauerblümchen sind die Sorge jeder Gastgeberin. An uns Männern liegt es, ihr die Sorge abzunehmen und mit allen weiblichen Wesen zu tanzen, die da warten ... Der Hausherr wird seine Freunde höchstpersönlich mit der Taktik eines alten Sandkastenstrategen einsetzen. Gute Freunde haben bekanntlich Humor (!) und werden es dem Gastgeber nicht verübeln, wenn er ihnen bereits vor dem Abend die Rolle eines ›Kümmerers‹ zuweist.«[2] Das solchermaßen mit einem humorvollen Kümmerer versorgte Mauerblümchen hatte keine Wahl, es mußte nehmen, was es kriegte.

Einzig aufgrund einer Konvention über aktives und passives Verhalten beim Tanzen entstanden bei Frauen und Männern gänzlich unterschiedliche Gefühle. Männer hatten viel weniger Anlaß zu Selbstzweifel und Unsicherheit, weil sie nicht bangen mußten, ob sie *erwählt* wurden. Die Frau konnte zwar einem auffordernden Mann einen Korb geben. Dabei mußte sie aber so tun, als sei der Grund der Ablehnung nicht der zurückgewiesene Mann, sondern ihre Ermüdung etc ... Deshalb durfte sie dann auch erst nach dem Verstreichen einer angemessenen Schamfrist wieder mit einem andern tanzen. Trotzdem wurde ein Korb von den Männern als Kränkung erlebt, und das, obwohl er die Möglichkeit hatte, diese Kränkung aktiv wieder auszugleichen, indem er es bei einer anderen probierte. Eine *sitzengebliebene* Frau dagegen konnte nur hoffen und harren.

1 Gertrud Oheim, a.a.O., S. 275
2 Karlheinz Graudenz und Erica Pappritz, a.a.O., S. 347

# Hausfrau

»Die Beschäftigungen einer Hausfrau lassen sich in keiner Weise mit dem aufreibenden Betrieb vergleichen, der den Mann völlig in Anspruch nimmt. Sie hat Zeit und Muße, beim Gemüserüsten, beim Strümpfeflicken, beim Bügeln an ›ihn‹ zu denken, und wenn sie sich beim Kochen Mühe gibt, dann ist es letztlich doch, um ihm eine Freude zu bereiten. Es wäre durchaus verfehlt, wenn sie ihre eigene Arbeitsleistung mit der schier unmenschlichen Bürde, die auf ihm lastet, vergleichen wollte ... Nach dem Betrieb und der Hetze des Tages trifft der Mann abends bei seinem Heimkommen eine Frau an, die ein verhärmtes Gesicht zur Schau trägt, die durch ein ungepflegtes Äußeres und ein widersetzliches Wesen ihrem Unmut sichtbaren Ausdruck verleiht. Der Effekt dieses Verhaltens ist genau dem erwünschten Erfolg entgegengesetzt ... der Mann (empfindet) nicht die geringste Anziehung für ein derartiges Geschöpf, das ihn zu allem Überfluß enttäuscht und in seiner Gereiztheit und in seinem Widerwillen bestärkt. Mehr als je hätte die Frau zu ihren natürlichen Waffen greifen und sich verständnisvoll, hübsch, entgegenkommend zeigen sollen, um den Mann erneut zu gewinnen. Ein frohes Gesicht, ein schelmisches Lächeln hätte gar manches wieder gut gemacht oder wenigstens Schlimmeres verhütet.«

*Pierre Dufoyer, 1954**

Sparen Sie sich Ihre Empörung, verehrte Leserin! So viel anders ist es heute auch noch nicht. Oder haben Sie (oder Ihre

* Pierre Dufoyer, Ehen im Alltag – Die Ehekrise und ihre Überwindung, Rex Verlag, Luzern 1954, 90, 93 f.

Freundin) noch nie gehört: *So gut wie du möchte ich es auch haben, den ganzen Tag zu Hause!* Oder: *Das bißchen Haushalt, das schafft man doch mit links!* Oder: *Ich möchte wissen, von was du müde bist!*

Das obige Zitat hat den Vorteil, daß es – unbeabsichtigt – die ganze Verachtung für die Hausfrauen ausdrückt, die damals so allgemein war, wie sie es heute ist.

Protest! Wird nicht allenthalben das Hohelied der Bedeutung, ja der Unersetzlichkeit der Frau im Hause gesungen? Der Frau, die das Herz der Familie ist, ein wahres Heim bereitet, den Kindern die Wärme und beständige Fürsorge bietet, damit sie nicht der Drogenabhängigkeit, Kriminalität und Verwahrlosung anheimfallen? Gewiß, gewiß! Besonders in wirtschaftlich flauen Zeiten wie diesen besinnt man(n) sich darauf.

1981 verabschiedeten die Sozialausschüsse der CDA (das ist die Christlich Demokratische Arbeitnehmerschaft, der linke Flügel der CDU. Wenn das links ist, möchte ich wissen, was rechts ist. Nein, lieber nicht.) unter ihrem Vorsitzenden Norbert Blüm Leitsätze unter der Überschrift »Die sanfte Macht der Familie«. Damals glaubten viele, hier meldeten sich die Letzten von gestern zu Wort. Aber nein, es waren die Ersten von morgen, die da als Leitsatz Nummer 16 verkündeten: »Mutterarbeit führt zur Selbstverwirklichung der Frau.« Eben nicht: Elternarbeit führt zur Selbstverwirklichung von Mann und Frau. Die Delegierten stellten damals fest: »Es ist aber nicht Aufgabe der Politik, auch noch die letzte Frau in das Erwerbsleben zu drängen.«[1] Also die Sorge braucht frau wirklich nicht zu haben. Eher die gegenteilige.

Jedem halbwegs cleveren Kind ist die Taktik vertraut, sich so ungeschickt anzustellen, daß der Erwachsene sagt: *Gib schon her, das kann man ja nicht mit ansehen.* Mir selbst gelang es auf diese Weise unter anderem, meine Oma zur Fertigstellung eines gräßlichen Mustersockens zu veranlassen. Nach derselben Taktik funktioniert(e) das auch bei Hausarbeit und Erziehung. Man(n) stellt sich dumm an und/oder muffelt. Darauf Frau: *Wenn ich dich/das schon sehe, mach ich es lieber selber.*

Das ist die erste Stufe des Lehrgangs *Wie drücke ich mich erfolgreich um lästige Arbeit?*

*Lästige Arbeit! Wie können Sie als Frau und Mutter so reden. Gibt es für eine Frau etwas Schöneres als die liebevolle Gestaltung ihres Heims? Und die Sorge für Ihre Kinder, diese erfüllendste Aufgabe für jede Frau, bezeichnen Sie gar als lästige Arbeit? Pfui!* – Es hat lange gedauert, bis ich mich bei solchen dummen Sprüchen nicht mehr verteidigen mußte. Ich habe aber inzwischen gelernt, daß man alles mißverstehen kann, wenn man sich nur genug Mühe gibt. Die Leute, die das Hohelied der Frau im Haus singen, wollen – das ist mein Eindruck – nicht verstehen, wie es gemeint ist, wenn Frauen über Haus- und Erziehungsarbeit klagen. Vielmehr wird alles diffamiert, was nicht ins Konzept paßt. Da ist frau ganz schnell Rabenmutter, Emanze auf dem Ego-Trip oder frustrierte Neurotikerin. In Fällen wie diesen hält frau sich besser an den Spruch: »Spare deinen Atem, um die Suppe zu kühlen.«

Drückeberger der Fortgeschrittenenstufe kennen die Wirkung der Schmeichelei: *Niemand kann diese außerordentlich bedeutsame Aufgabe so gut erfüllen wie du!* (Vorsicht: nicht anwendbar für sockenstrickende Kinder, zieht unweigerlich einen längeren Vortrag Marke *Glaubst du, mir sei das in den Schoß gefallen? Übung macht den Meister . . .* nach sich.) Am besten man unterfüttert diesen Satz wissenschaftlich oder durch Hinweis auf die allgemeine Lebenserfahrung. Beispielsweise:

Der Psychologieprofessor 1947: »So fordert die Teleologie des Mutterberufs nicht nur größere Fähigkeit zum Ertragen heftigster Körperschmerzen, sondern auch größere Ausdauer im Nachtwachen u. dgl., und man soll den Vater darum nicht liebloser schelten, wenn er in solchen Leistungen viel früher erliegt als die Natur selbst des weiblichen Mietlings.«[2]

Der Betriebspsychologe 1955: »Alle hausfraulichen Arbeiten bis zum scheinbar automatischen Gemüseputzen und Bohnern bedürfen der besonderen pfleglichen und feinfühligen Hand einer Frau, um dem Haushalt sozusagen erst das Güte- und Qualitätszeichen zu verleihen.«[3]

Der Sozialwissenschaftler 1956: ». . . ein Vater (kann) manche mütterlichen Verrichtungen daheim übernehmen . . . aber wohl kaum die Wärme der mütterlichen Gegenwart und ihre pflegerischen Tätigkeiten.«[4]

Der Theologieprofessor und nachmalige Kardinal 1965: »Wäre nicht auch die Freistellung der verheirateten Frauen und Mütter von der außerhäuslichen Erwerbsarbeit eine sozialpolitisch und sozialethisch für das Familienleben überaus segensreiche Verwirklichung einer – gesamtwirtschaftlich verstandenen – Arbeitszeitverkürzung? Für eine verfeinerte Familienkultur ist die Frau und Mutter unentbehrlich.«[5]

Wieviel dann die weiblich hergestellte verfeinerte Familienkultur galt, konnten wir bereits im Eingangszitat sehen.

Dies war und ist das Dilemma der Frau im Haus, die Falle, in die sie gerät: Auf der einen Seite wird sie hymnisch gepriesen und hochgelobt. (»Die Familie stellt die Urform des menschlichen Gemeinschaftslebens dar, und seit Urzeit ist die Frau ihr tragender Pfeiler. Sie gibt ihr die Erde, sie hält sie zusammen, ihre seelische Beschaffenheit durchtränkt die Atmosphäre, ihre innere Sicherheit gibt all ihren Gliedern Heimat und Halt.«[6]) Veredelt sie dann die Familienkultur mit ihrem spezifisch weiblichen Bohnern, Gemüseputzen und Kinder vom Kindergarten abholen, wird ihr gesagt, was sie treibe, sei keine ernsthafte Arbeit, was sie könne, sei nichts wert.

Egal, welchen Schuh sich die Hausfrau anzieht, den der idealen Lichtgestalt oder den der geringgeschätzten ungelernten Hilfskraft, das Ergebnis bleibt sich gleich: Sie funktioniert wie vorgesehen. Sie ist für andere da. Ist sie nicht genügend für andere da, machen die Kinder Sorgen, geht der Mann fremd, scheitert die Ehe: Immer ist es ihre Schuld. Das konnte man auch in der Zeitung lesen. Bei Scheidungen – so die Frankfurter Rundschau 1959 – komme oft »die eigentliche Ursache« nicht zur Sprache, »daß nämlich der Mann zu Hause nicht mehr gefunden hat, was er sich wünscht: Anmut, Charme, Schönheit und Gepflegtheit«.

Daß auch Frauen sich etwas von ihren Männern wünschen

könnten und es nicht bekommen, stand nicht zur Debatte. Es handelte sich um eine Einbahnstraße. »Männer wollen glücklich gemacht werden ... Frauen dagegen ist das Glücklichmachen anderer von der Natur aufgegeben.«[7] Weiß das Benimmbuch. Nein, wie sich das trifft!

So war es gestern, so ist es heute.
Und morgen?
Ach ja! Morgen wird es auch so sein.

1 CDA-Verlagsgesellschaft mbH. (Hg.), Die sanfte Macht der Familie. 19. Bundestagung Sozialausschüsse der Christlich-Demokratischen Arbeitnehmerschaft vom 9. bis 11. Oktober 1981, Königswinter o. J., S. 34
2 Philipp Lersch, Vom Wesen der Geschlechter, Erasmus-Verlag München 1947, S. 26 f.
3 Ludwig Kroeber-Keneth, Frauen unter Männern. Grenzen und Möglichkeiten der arbeitenden Frau, ECON-Verlag Düsseldorf 1955, S. 117
4 Otto Speck, Kinder erwerbstätiger Mütter. Ein soziologisch-pädagogisches Gegenwartsproblem, Stuttgart 1956, S. 36
5 Joseph Höffner, Ehe und Familie. Wesen und Wandel in der Industriellen Gesellschaft, Verlag Regensberg Münster 1965, S. 105
6 Jolande Jacobi, Frauenprobleme – Eheprobleme, Rascher Verlag Zürich und Stuttgart 1968, S. 207
7 Karlheinz Graudenz und Erica Pappritz, a.a.O., S. 96

# Homosexualität (männlich)

»Gerade die Homosexualität hat eine unverkennbare Grassierungstendenz an sich. Diese epidemische Wirkung des bisher strafbaren Verhaltens zeigt sich darin, daß die Triebentartung immer wieder auf Dritte übergreift und damit die Anfälligkeit für viele im Volke, insbesondere für die heranwachsende Jugend, schafft ... Homosexualität bedeutet eine soziale Gefahr ... Wenn der Schutz der Jugend gegen sittliche Gefährdungen umfassend sein soll, dann dürfen hier nicht Dämme eingerissen werden, die bisher noch bestanden ... Wenn heute noch polizeiliche Spezialabteilungen die männliche Homosexualität genauestens beobachten, die Treffpunkte der Homosexuellen im Auge haben, die Aufenthaltsorte der Strichjungen regelmäßig kontrollieren, so wird den verschiedenen polizeilichen Maßnahmen einfach der Boden entzogen, wenn die Homosexualität unter Erwachsenen straflos sein sollte ... Die Polizeipraxis versucht aber vorbeugend und repressiv die gesamte soziale Erscheinung einzuschränken und zu unterdrücken. Man führt vollständige Listen mit den Namen der in Frage kommenden Personen und versucht, sie ständig auf dem laufenden zu halten ... man (würde) allgemein überrascht und erschüttert sein, wenn man die Fülle der in der deutschen kriminalpolizeilichen Praxis gesammelten Erfahrungen sichtete und damit ein genaues Bild von der ›homosexuellen Gesellschaft‹ bekäme, von der sowohl der Theoretiker als auch Laien oft nur eine unvollständige Vorstellung haben.«

*Leitender Regierungsdirektor Dr. Walter Becker, 1961**

* Walter Becker, Homosexualität und Jugendschutz, in: Bundesarbeitsstelle Aktion Jugendschutz (Hg.), Beiträge zum Jugendschutz, Heft 9, Hoheneck Verlag, Hamm 1961, 11, 15, 19

»Bleierne Zeit« wird sie von älteren Homosexuellen genannt, die Zeit, in der homosexuelle Handlungen zwischen erwachsenen Männern strafbar waren. Der Name rührt daher, daß zwei Männer tunlichst in gleichem Tritt die Treppe zur Wohnung hinaufstiegen, damit andere Hausbewohner keinen Verdacht schöpften. Seit 1973 könnten Homosexuelle ohne Angst hintereinander die Treppe hochgehen, wenn mit der Abschaffung von Paragraphen alles getan wäre.

Zwar gab es in der Bundesrepublik schon früh Bestrebungen von Juristen und Medizinern (ganz gewiß nicht von Theologen), die Homosexualität zu entkriminalisieren, aber das war eine Minderheit. Wer sich für die Abschaffung des § 175 oder auch nur für seine Modifizierung einsetze, mußte sich nicht selten süffisante Anspielungen über die vermuteten Gründe seines Engagements gefallen lassen. Auch wurden solche Personen beschimpft, sie wollten die Jugend ins Verderben und den Staat in den Ruin führen. Egal, ob die Ursache der Homosexualität in Veranlagung, psychischer Erkrankung, Verstricktheit in Sünde, Verführung oder etwas anderem gesehen wurde: Die Reaktion auf männliche Homosexualität war überwiegend so wie die eines Arztes, der 1963 behauptete: »Die abartige sexuelle Handlung löst bei den 98 % gesunden und sozialen Heterophilen grundsätzlich Ekel aus.« Es wurde damals gleich ein Ratschlag mitgeliefert, wie das Problem zu lösen sei: »Der Selbstmord in sexuell ausweglos erscheinender Notlage bei homophilen Versagern ist letztlich von der Natur aus entelechisch, zweckdienlich als wirksamste Ausmerze, auch dann, wenn man den Selbstmord aus religiösen Gründen nicht billigen kann.«[1]

Ist es denn so verwunderlich, wenn etwas schlichtere Gemüter aus den juristisch unangreifbaren Sätzen der Brandstifter die Schlußfolgerung ziehen, man könne gegebenenfalls etwas nachhelfen, wenn einem Homosexuellen die richtige Einsicht fehle? Das frage ich dreißig Jahre nach diesen ärztlichen Äußerungen, in einer Zeit, in der die Gewalt gegen Homosexuelle wieder zunimmt. So dumm wie diese heutigen Schläger, die mal eben einen Homosexuellen *abklatschen*, wenn grad kein Ausländer zur Hand ist, waren die Juristen und Wissenschaftler nie. Wer wird sich denn strafbar machen! Es gibt subtilere Mittel, die genauso wirksam sind. Wie zum Beispiel 1962 in Wuppertal. Da wurde ein Homosexueller verhaftet und gezwungen, die Namen seiner Freunde zu verraten. Mit dem Ergebnis, daß zwei der bloßgestellten Männer Selbstmord begingen. Und wenn sich die Existenz nicht im eigentlichen Sinn vernichten ließ, dann genügten die im Eingangszitat genannten Polizeimethoden, um im einen oder andern Fall wenigstens die bürgerliche Existenz zu vernichten.

Auch Medizin und Psychologie ließen sich nicht lumpen. Sie machten den Homosexuellen gründlich klar, wie abnorm und schwer gestört sie seien (die Psychoanalyse kann hier auf herausragende Leistungen verweisen), und man war – der Zweck heiligt die Mittel – auch bereit, dem *therapiewilligen* Homosexuellen Elektroschocks und dergleichen angedeihen zu lassen. Aversionstherapie hieß das, und es sollte mich sehr wundern, wenn sie heute völlig außer Gebrauch gekommen wäre.

Den Theologen war inzwischen der Zugriff auf die körperliche Existenz des Homosexuellen verwehrt (im Mittelalter war das anders). Was ihnen aber blieb, war die Drohung mit der wenigstens im Jenseits greifenden Existenzvernichtung in der Hölle. Im ganzen gesehen waren die Theologen effektiver als Justiz und Medizin, weil mehr Menschen häufiger mit ihnen zu tun haben. Beispielsweise im Religionsunterricht, in Gottesdiensten und in Jugendfreizeiten. Da gab es viele Gelegenheiten zum seelsorgerlichen Wirken. Homosexualität – so wurde verkündet – sei eine schwere Sünde, und ihretwegen drohe die ewige Verdammnis. (Das wußte bereits Thomas von Aquin im 13. Jahrhundert, und der Papst weiß es noch heute.)

War die Abscheulichkeit der Homosexualität den Gefährdeten oder ihr bereits Verfallenen mitsamt der möglichen jenseitigen Konsequenzen eindringlich genug ausgemalt, kam die Pastoral an die Reihe. Schließlich war die Kirche nicht dazu da, zu verdammen, sondern zu helfen, nicht wahr? Zum Beispiel wurde den Seelsorgern geraten: »Bei Sachkenntnis, Einfühlung u. Mut zu christlichem Wagnis können mehr Homophile ... vor eigentl. Verfehlungen bewahrt, u. in intellektuellen, kaufmännischen, ja künstlerischen (schwerer in pädagog.) Berufen sittlich gehalten u. gehoben werden.«[2] So weiß es das renommierte Lexikon für Theologie und Kirche im Jahr 1960.

Der erbitterte Kampf gegen die Homosexualität und die Homosexuellen läßt sich vernünftig nur mit Angst erklären. Der Angst vor den eigenen homosexuellen Tendenzen, die so gefährlich sind, weil Homosexualität mit Unmännlichkeit gleichgesetzt wurde. Daß es ein schlimmes Los ist, kein Mann zu sein, zeigte das Beispiel der Frauen allenthalben. Ein beliebtes – wenngleich nur begrenzt wirksames – Mittel zur eigenen Entlastung ist immer (nicht nur bei der Homosexualität), daß man den inneren Feind draußen bekämpft. Je heftiger, desto besser. Da aber auch der heftigste Kampf gegen homosexuelle Mitmenschen eigene homosexuelle Tendenzen nicht beseitigt, ist die Schlußfolgerung psycho-logisch zwingend, daß es sich bei den Schwulen um besonders gefährliche und raffinierte Menschen handeln muß, sonst wären sie – was in Wirklichkeit meint: die eigenen homosexuellen Tendenzen – längst beseitigt. Die Angst der *Normalen* vor den Homosexuellen war wahnhaft, während die Angst der Homosexuellen vor den *Normalen* durchaus nicht unrealistisch war. Sie wären zufrieden gewesen, hätte man sie bloß in Ruhe gelassen, statt dessen machte man aus ihnen eine Gruppe, die an Gefährlichkeit dem Weltkommunismus nur wenig nachstand. Was sich der Regierungsdirektor Dr. Becker zusammenreimte, war eine gängige Theorie, der auch das Bundesjustizministerium in seinem Entwurf zur Reform des Strafrechts von 1960 huldigte: »Schon unter der Herrschaft des geltenden Rechts ist hier und da das Bestreben homosexueller Gruppen wirksam geworden, durch gegenseitige Hilfestellung in öffentliche Einrichtungen einzudringen und sie durch planmäßiges Nachziehen gleichgeschlechtlich veranlagter Mitarbeiter zu beherrschen. Diese

Form der Zersetzung würde bei einem Wegfall des § 175 StGB wesentlich erleichtert.«[3]

Daß es die Herren Sittenwächter selbst waren, die die Homosexuellen zwangen, sich möglichst eng und möglichst geheim zusammenzuschließen, dämmerte zwar manchem. Was sollten die derart ins Abseits gedrängten Schwulen denn sonst tun? Aber häufiger wurde von der verhängnisvollen »Kartellbildung« der Homosexuellen gesprochen, die darauf abziele, aus den braven Deutschen ein Volk von *Hundertfünfundsiebzigern* zu machen. Etwa, daß sie sämtliche Rundfunksender infiltrierten und schließlich in ihre Gewalt brachten.

Ich meine, besser als an diesem Beispiel läßt sich nicht demonstrieren, daß Projektion tatsächlich so funktioniert wie der Projektor im Kino: Ein winziges Bild bekommt Breitwandformat. Aus der Angst, eigene verbotene Wünsche könnten einen überwältigen, wird die Gefahr der Verführung eines ganzen Volkes.

Die Weltgesundheitsorganisation strich Homosexualität 1991 von der Liste der Krankheiten. Homosexuelle Handlungen zwischen Erwachsenen sind in der Bundesrepublik seit zwei Jahrzehnten nicht mehr strafbar, und die demnächst in Kraft tretende Strafrechtsreform wird auch die Ungleichbehandlung von homo- und heterosexuellem Mißbrauch von Kindern und Jugendlichen beseitigen.

Trotzdem versinkt Deutschland nicht in einer homosexuellen Flut. Oder haben wir es nur nicht gemerkt? Das wäre natürlich besonders raffiniert.

1 Erich Mendl, in: Ärztliche Mitteilungen (Deutsches Ärzteblatt) vom 23. 11. 1963, S. 2446

2 L. M. Weber, Homosexualität, in: Lexikon für Theologie und Kirche, Verlag Herder Freiburg 1960, Bd. 5, S. 468 f.

3 Bundesminister der Justiz, Entwurf eines Strafgesetzbuches (StGB) E 1960 mit Begründung, Bundesdruckerei Bonn, 1960, S. 349

# Homosexualität (weiblich)

»Die konsequente Lesbierin, die unverheiratet stirbt, ist eine viel sauberere und biologisch wirksamere Lösung des Problems ... Skelett, Muskulatur, der Kehlkopf in Funktion (Stimme), der Teint der Haut, die Bewegung sind die anatomisch-physiologischen Einzelheiten, die dem Beschauer, auch wenn er kein Mediziner ist, zuerst auffallen. Da sind die großen Handschuh- und Schuhnummern, die tiefe oder rauhe oder eigentümlich ›gebrochene‹ Stimme, das drahtig-starke Haar. Daß sich unter den kriminellen lesbischen Frauen ein wenig öfter Rothaarige befinden, mag immerhin noch Zufall sein ... Neben dem Bedürfnis nach Alkohol fällt bei der aktiven echten Lesbierin eine ausgeprägte Nikotinsucht auf, mit der sie die Gehirngefäße aufpeitscht und Euphorie sucht ... Lesbische Frauen sind in großen Hotels keine sehr erwünschten Gäste; als Grund wird die Neigung zu erregten Szenen und zu Selbstmordversuchen angegeben ... Wie in einer kommunizierenden Röhre steigt mit der Frauenliebe auch der Männerhaß, sinkt, exakter gesagt, das Niveau des Verhältnisses zum Mann. Dr. Karl Menninger hat eine Frau geschildert, die er bezaubernd nennt und die Dutzende von Schulmädchen verführt hatte. Sie hatte ihren Mann, der ihr nichts mehr bedeutete, mit einem Hammer erschlagen und die Leiche in der Wohnung liegenlassen, ›während sie selber zu einer Bridgepartie gefahren war‹.«

*Prof. Dr. Hans von Hentig, 1959**

* Hans von Hentig, Die Kriminalität der lesbischen Frau, in: H. Bürger-Prinz und H. Giese, Beiträge zur Sexualforschung, Heft 15, Ferdinand Enke Verlag, Stuttgart 1959, 27 f., 37, 46, 59 f.

Dieses Kapitel wird kurz. Weibliche Homosexualität interessierte weder die Juristen noch die Beichtväter, noch die Forscher. So kann frau den Eindruck haben, früher hätte es keine Lesben gegeben. In einer 1972 erschienenen amerikanischen Auflistung der Literatur zur Homosexualität waren es gerade mal 10 % der Schriften, die sich mit homosexuellen Frauen beschäftigten, obwohl es nicht weniger Lesben als Schwule gibt. In moraltheologischen Werken, die ansonsten nichts unerwähnt und ungeregelt lassen, werden sie schlicht verschwiegen, oder der Autor beschränkt sich auf die knappe Feststellung, daß es *so was* auch gibt. Das war so ähnlich wie mit der Onanie, hier waren fast auch nur die Jungen und Männer im Blickfeld.

Ein Homosexueller wird in einer patriarchalen Welt als Verräter an der Männlichkeit gewertet und entsprechend bestraft. Ähnlich könnte weibliche Homosexualität als Rebellion gegen die *natürliche Bestimmung* der Frau gewertet und entsprechend sanktioniert werden. Gewertet wurde das auch so, aber eben nicht sanktioniert. Die Frauen mußte man nicht so ernst nehmen. Das erinnert mich an den Bericht einer Journalistin: Während in islamischen Gegenden, die mit europäischer Kultur in Berührung gekommen waren, eine unverschleierte Europäerin eventuell befürchten müsse, von den Männern tätlich angegriffen zu werden, sei das in völlig abgeschlossenen Gegenden anders: Dort werde über unverschleierte Frauen schallend gelacht, weil man sie so komisch finde, aber man sei weit entfernt davon, aggressiv zu reagieren. Das bedeutet – so meine ich –: Solange ein Verhalten nicht als Gefährdung der eigenen Position empfunden wird, kann man es gewähren lassen. Das hat mit Toleranz wenig, mit Geringschätzung viel zu tun.

Die Lesben wurden nicht nur einer Bekämpfung für unwürdig erachtet, sondern hatten für Männer den Reiz des Erotisch-Pikanten. Das ist wohl heute nicht viel anders. Eine Lesbe formulierte es in den 70er Jahren so: »Wenn ich früher einen Mann nicht los wurde, habe ich ihm erzählt, daß ich lesbisch bin. Dann habe ich gemerkt, daß es die nur scharf macht. Jetzt regle ich das anders.«[1] Vielleicht muß frau sich diesen Mechanismus so ähnlich vorstellen wie die angebliche Tatsache, daß zwischen Lesben die Leidenschaft »um so heißer« sei, je größer der Farbkontrast der Haut ist: »Daß für die weißen Frauen ein geheimer Reiz in diesem demütigen Herabsteigen um eine Rassenstufe liegt . . . kann . . . mit gutem Grund vermutet werden«[2], weiß der Herr Professor über Beziehungen zwischen weißen und farbigen Frauen in Amerika zu berichten. Wie »heiß« muß dann erst die Leidenschaft eines weißen Mannes sein, der mit einer farbigen Frau schläft, steigt er doch gleich zwei Stufen hinab! Das erklärt manches.

Die wenigsten Frauen damals ließen ihre Neigung bekannt werden. Viele heirateten und bekamen Kinder, alles andere spielte sich diskret ab. So konnte auch das Bundesverfassungsgericht 1957 gelassen den listigen Versuch abschmettern, das Verfassungsgebot der Gleichbehandlung von Mann und Frau als Hebel zu benutzen, die Strafbarkeit männlicher Homosexualität zu beseitigen. Wie in den meisten andern Ländern war in Deutschland weibliche Homosexualität im Unterschied zur männlichen nicht strafbar. Das Bundesverfassungsgericht konstatierte also: Der § 175 StGB verstoße nicht gegen das Gleichbehandlungsgebot, »weil der biologische Geschlechtsunterschied den Sachverhalt hier so entscheidend prägt, daß etwa vergleichbare Elemente daneben vollkommen zurücktreten«. Ich habe die diesem Satz folgende Begründung mehrmals durchgelesen und kann sagen, daß ich sie jetzt kapiert habe. Glaube ich wenigstens: Männliche und weibliche Sexualität seien so grundverschieden, daß männliche und weibliche Homosexualität zwei völlig verschiedene Dinge sind und deshalb juristisch nicht nur unterschiedlich bewertet werden könnten, sondern geradezu müßten. Das Gericht stellte sich das so vor, daß »der auf Mutterschaft angelegte Organismus der Frau unwillkürlich den Weg weist, auch dann in einem übertragenen Sinne fraulich-mütterlich zu wirken, wenn sie biologisch nicht Mutter ist, während eine entsprechende Kompensation beim Manne fehlt. So gelingt der lesbisch veranlagten Frau das Durchhalten sexueller Abstinenz leichter, während der Mann dazu neigt, einem hemmungslosen Sexualbedürfnis zu verfallen.«[3] Frauen scheinen durch ihre angeborene Mütterlichkeit vor Triebverfallenheit ähnlich geschützt zu sein wie durch Östrogene vor dem Herzinfarkt. »Der Akzent liegt bei der lesbischen Frau anders als beim homosexuellen Mann stärker auf dem Erotischen«[4], weiß die Wissenschaft. Das kommt wohl daher, daß »dem weiblichen Körper ... ein Instrument für den aktiv forcierten Zugriff« fehle und sich die weiblichen Zärtlichkeiten in »mehr oder weniger äußerlichen Liebkosungen«[5] erschöpfen. Merke: Sexualität hat etwas mit forciertem Zugriff, Erotik mit Liebkosung zu tun.

Während also in Deutschland weibliche Homosexualität straffrei war und blieb (wegen der »Untunlichkeit des Eingriffs in die frauliche Intimsphäre«[6], wie ein angesehener Strafrechtsprofessor mußmaßte), war das in Österreich anders. Wenn ich mich recht erinnere, wurde dort der Straftatbestand erst nach dem Zweiten Weltkrieg eingeführt. Vielleicht aus demselben Grund, den Professor von Hentig für seine Schrift angab: »Anders als die gleichgeschlechtliche Neigung des Mannes ist die Homosexualität der Frau fast unbeobachtet geblieben. Wenn das Problem in einer Zeit des Frauenüberschusses nicht soziologisch voller Konsequenzen wäre, so könne man Tabu und Schweigen weiter gelten lassen«, meinte er. Da aber durch den Krieg nicht nur »›Männer‹, sondern ihre Elite« umgekommen seien, herrschten in Deutschland »Harems-Zustände« und »von denen wissen (wir), daß sie leicht latente lesbische Anlagen ... mobilisieren«.[7] Die Gefahr bestand, daß die echten Lesben massenhaft die latenten verführen. Das macht dann auch den Theologen besorgt: »Bei der weiblichen Homosexualität besteht die besondere Gefahr, daß eine aktive Lesbica bei der Wahl ihrer Freundinnen auch Ehefrauen in ihren Kreis zieht und damit zum zerstörenden Element der

Ehe werden kann.«[8] Da sei Gott vor, denn solches wäre nicht nur »biologisch etwas Selbstmörderisches«, sondern es zieht – wie wir gesehen haben – die Gefahr nach sich, daß die Frauen ihre Männer umbringen, um anschließend Bridge zu spielen.

1 Susanne v. Paczensky, Verschwiegene Liebe. Zur Situation lesbischer Frauen in der Gesellschaft, C. Bertelsmann Verlag München 1981, S. 145
2 Hans von Hentig, a.a.O., S. 15
3 Urteil des 1. Senats des Bundesverfassungsgerichts vom 10. 5. 1957, BVerfGE 6, S. 389 ff.
4 Hans Giese, zitiert nach Werner Schöllgen, Sexualität und Verbrechen in der Sicht der katholischen Moraltheologie, in: Fritz Bauer, Hans Bürger-Prinz, Hans Giese, Herbert Jäger (Hg.), Sexualität und Verbrechen, Fischer Bücherei Frankfurt/M. 1963, S. 70–83
5 Hans Giese, zitiert nach Susanne von Paczensky, a.a.O., S. 19
6 Karl Peters, Homosexualität (Strafrechtlich), in: Lexikon für Theologie und Kirche, a.a.O., S. 470
7 Hans von Hentig, a.a.O., Vorwort und S. 4 f.
8 Albert Niedermeyer, Compendium der Pastoralmedizin, Verlag Herder Wien 1953, S. 69

# Jungfräulichkeit

»Das Bild des Mannes, dem sich das Mädchen das erste Mal leiblich öffnet und hingibt, prägt sich unauslöschlich tief in sein Seelenleben ein. Trennen sich zwei Menschen nach dieser intimsten Vereinigung aus irgendeinem Grunde wieder, dann ist viel mehr verletzt worden als nur das Jungfernhäutchen ... Nicht wenige Mädchen verlieren durch diese seelische Erschütterung den sittlichen Halt, so daß sie auf die Stufe des Dirnentums abgleiten.«

*E. Aschke, 1965**

Was wäre die Sexualmoral ohne Jungfernhäutchen gewesen? Wie viele Seiten über dieses tiefe Symbol mädchenhafter Zurückhaltung und Verschlossenheit hätten ungeschrieben bleiben müssen? Wie viele ernste elterliche Mahnungen, ein einziger Fehltritt könne die ganze Zukunft zerstören, wären ungesagt geblieben? Wie viele aufrüttelnde Geschichten über das zu Herzen gehende Schicksal jener unglücklichen Mädchen, die sich einmal, ein einziges Mal vergaßen, hätten von Religionslehrern nicht erzählt werden können?

Das Jungfernhäutchen habe den Zweck, der jungen Frau nachdrücklich die Bedeutung des *ersten Mal* klarzumachen, damit sie sich für den wirklich Auserwählten aufspare. So sei das von der Natur (oder wahlweise: von Gott) eingerichtet. Der junge Mann hat kein Jungfernhäutchen, weil der erste Geschlechtsverkehr ihn nicht so nachhaltig erschüttert. Der erste Geschlechtsverkehr erschüttert den jungen Mann nicht so nachhaltig, weil er kein Jungfernhäutchen hat.

* E. Aschke, Ehe vor der Hochzeit? Die Frage nach dem Beginn der Ehe, Kassel 1965, 16

Warum aber ist die junge Frau so erschütterbar?

Das liegt – wir ahnen es inzwischen schon – in ihrem Wesen. Liebe erlebt sie ganzheitlich, leib-seelisch, mit Haut und Haar sozusagen. (Beim Mann ist das anders. Der trennt fein säuberlich zwischen Sex und Liebe.) Das bedeutet: Beim ersten Mal ist die Frau verfallen. Wahlweise dem Mann, der sie entjungfert hat, oder dem Trieb.

Das erste kam häufiger vor (mindestens las man es so), weshalb wir auch ausführlicher darauf eingehen wollen. Man muß sich das so ähnlich vorstellen wie die Prägung beim frischgeschlüpften Küken: Sieht dieses als erstes einen Besenstiel, erklärt es ihn unwiderruflich zur Mutter und folgt ihm, wohin immer er sich bewegt. Die Nicht-mehr-Jungfrau ist genauso von ihrem ersten Partner geprägt und kommt nie mehr von ihm los. Selbst wenn sie einen andern heiratet. Falls sie geheiratet wird. Das war eher unwahrscheinlich, folgt man den lichtvollen Ausführungen der Theologen und den erfahrungsgeschwängerten Berichten der Ärzte (»Ich sage das mit dieser Schärfe nicht aus konventionellen, moralischen oder religiösen Vorurteilen, sondern allein auf Grund meiner nüchternen ärztlichen Erfahrung.«[1]).

Der Mann, der die Frau entjungfert hat, will sie nämlich nicht mehr: »Eigentümlicherweise verliert zudem das Mädchen für ihn bald den Reiz, wenn es sich zum Geschlechtsverkehr außerhalb der Ehe bereitgefunden hat.«[2] So sind die Männer: wie Schmetterlinge, die von Blüte zu Blüte gaukeln – wenn frau sie läßt. Dieses poetische Bild stammt jetzt nicht von einem Arzt, sondern von meinem Vater und gab mir damals Aufschluß über seine (nicht nur seine) Einschätzung des männlichen Charakters.

Die Männer, die mit der bereits entjungferten Frau zu tun bekamen, dachten genausowenig ans Heiraten. Sie waren ja nachdrücklich darüber aufgeklärt worden, daß eine Frau innerlich nie vom *Ersten* loskommt. Gegen diese Konkurrenz verloren sie immer.

Das klingt jetzt alles recht amüsant, war es aber ganz gewiß nicht. Diese hymenzentrierte Sexualmoral legte es darauf an, Mißtrauen zwischen Männern und Frauen zu säen. Der Partner, die Partnerin, in die frau/man verliebt war, war gleichzeitig der Feind: Dem Mädchen wurde geraten, den Mann so lange zappeln zu lassen, bis sie ihn sicher hatte. Das mußte in seinen Augen wirken, als gehe es ihr nicht um ihn, sondern darum, unter die Haube zu kommen. Umgekehrt war die junge Frau dahingehend belehrt worden, daß schon allein der Wunsch des Mannes, vor der Ehe mit ihr zu schlafen, bewies, daß er sie nicht liebte.

Nun gab es sicher viele, die umempfindlich gegen das gesäte Mißtrauen waren, die keine Angst hatten, der/die andere wolle sie lediglich benutzen, und die gerne miteinander schlafen wollten. Dann blieb immer noch die Angst vor dem *Danach*. Ich meine damit nicht so sehr die – aufgrund miserabler Aufklärung – manchmal unerträglich große Angst vor einer Schwangerschaft. Sondern ich meine die Prophezeiungen, das räche sich *irgendwie*, sei es in Form von Unglücksfällen, einer unglücklichen Ehe, Sterilität oder sexuellen Störungen. (»Es wird in Fachkreisen auch nicht als Zufall angesehen, daß in den Ländern, wo der voreheliche Verkehr am frühesten aufgenommen wird, die Frigidität in den Ehen am häufigsten ist.«[3])

Dem Jungfernhäutchen wurde eine solch überdimensionierte Bedeutung zugesprochen, daß die Gleichung aufgemacht wurde: Durchstoßung des Hymens vor der Ehe = größtes Unglück, Durchstoßung des Hymens in der Ehe = höchstes Glück. Mit der Folge, daß die Erwartungen, die sich auf das eheliche *erste Mal* richteten, ebenso hochgespannt wie unerfüllbar waren. Es konnte nur eine Enttäuschung geben. Da war nichts von Beseligung und Ekstase, sondern da waren Verkrampfung und Dilettantismus. Verkrampfung auf seiten der Frau, die jetzt mit dem jahrelang geübten Abwehrkampf gegen die eigenen sexuellen Sehnsüchte und die Wünsche des/der Partner wie auf Knopfdruck einfach aufhören sollte und das selbstverständlich nicht konnte. »Vor der Ehe war's eine Sauerei, und nachher hat man's müssen«, lautete bei einer meiner Patientinnen das Fazit ihres Sexuallebens.

Wenden wir uns nun der anderen Möglichkeit zu, daß nämlich die Frau *dem Trieb* verfalle, wenn sie sich vor- oder außerehelich hingebe. Man kann sich das ähnlich magisch-mechanistisch vorstellen wie die Prägung auf den ersten Mann. Der Gedankengang war folgender: Beim *gesunden* Mädchen schläft der Trieb. (Das Bild vom Dornröschen, zu dem sich der Prinz erst mit dem Schwert durchkämpfen mußte, war in dem Zusammenhang beliebt.) Aber gnade Gott, wenn der Trieb geweckt wurde, ohne sofort wieder durch Haushalts- und Mutterpflichten kanalisiert zu werden! Dann gab es für die Frau angeblich kein Halten, dann wurde sie süchtig nach Sex. Weil aber – das wußte man damals sicher und das glauben heute noch viele – niemand sexsüchtiger sei als Dirnen, führt bei den Frauen ein Schritt vom Wege direkt in den Puff. Oder um es etwas dezenter zu sagen: »Die Frau kann sich nicht nur körperlich hingeben. Die Frau ist immer ganzheitlich. Wenn daher die Frau fällt, fällt sie ganz. Es treibt sie dahin wie eine Lawine. Sie verfällt ganz dem Triebmäßigen, wird genußsüchtig, selbstsüchtig.«[4]

Wir können dieses Kapitel nicht schließen, ohne einen Blick auf die juristische Regelung des Verlusts der Jungfräulichkeit im § 1300 BGB geworfen zu haben. Das ist nicht ohne aktuelles Interesse, weil erst jüngst – nämlich 1993 – das Bundesverfassungsgericht angedeutet hat, es halte diesen nach wie vor gültigen Paragraphen für etwas überholt. Die Karlsruher Richter bestätigten die Feststellung des Amtsgerichts Münster von 1992, daß der »seelische Schmerz wegen des gebrochenen Verlöbnisses« beim Mann nicht generell geringer sei als bei der Frau und Geschlechtsverkehr ohne Trauschein keineswegs nur in »moralisch laxen Gesellschaftskreisen«[5] gebilligt werde. Das sah man früher anders, wir kommen darauf zurück. Zunächst aber einmal: Was besagt dieser sogenannte »Kranzgeldparagraph«? Er regelt, daß einer »unbescholtenen« Braut vom

Verlobten eine finanzielle Entschädigung zusteht, wenn sie ihm im Vertrauen auf das abgegebene Eheversprechen die »Beiwohnung« gestattet hat, aber nicht geheiratet wurde.

Es gibt Privilegien, die sind Diskriminierungen. Und es gab und gibt (der erwähnten Stellungnahme des Bundesverfassungsgerichts lag ein entsprechender Prozeß zugrunde) Frauen, die das nicht merken. Ohne die Prämisse: *weibliche Sexualität ist anders als männliche* keine Schlußfolgerung: *betätigt sich eine unverheiratete Frau sexuell, erleidet sie einen Schaden, für den sie unter Umständen Schadensersatz beanspruchen kann.* Sie ist darin in etwa einem Auto zu vergleichen, das nach 1000 gefahrenen Kilometern eben auch kein Neuwagen mehr ist, was sich wertmindernd bemerkbar macht. Der Vergleich ist nicht eben geschmackvoll, aber das liegt nicht an mir.

Geschmackvoll waren auch die Prozesse zum § 1300 BGB nicht. Sie klärten z. B. die Frage, ob der Verlobte, der kein intaktes Hymen vorgefunden hatte, trotzdem zahlen müsse. Das Landgericht Essen entschied 1957 weise: Weil das Hymen vielleicht auch durch »ärztliche Eingriffe, Sport und schwere körperliche Arbeit« verletzt war, muß er doch zahlen. Aber nur DM 500.[6] Wohingegen eine entjungfert verlassene Verlobte sonst gut und gerne auf DM 2000 bis 4000 kommen konnte. Das war damals eine Menge Geld.

Selbstverständlich zerbrechen sich nicht erst heute hochdotierte Juristen den Kopf, wie der Grundsatz der Gleichbehandlung von Mann und Frau mit dem § 1300 BGB zusammengehen soll. Einen entsprechenden Kranzgeldanspruch für den Mann zu fordern fiel und fällt niemand ein, das wäre irgendwie gegen die männliche *Geschlechtsehre.* Der Bundesgerichtshof löste die Frage am 13. 3. 1956 in einer Grundsatzentscheidung. Ich zitiere sie abschließend, weil sie so schön deutlich macht, wie Ideologie und Wissenschaft die Rechtsprechung beeinflussen und diese dann wieder ganz bewußt die Ideologie stützt:

»Der rechtverstandene Gleichheitsgrundsatz schließt ... eine Rücksichtnahme auf die naturgegebene biologische und seelische Eigenart der Frau nicht nur nicht aus, sondern gebietet eine solche Rücksichtnahme ... Wie die Lebenserfahrung zeigt, treffen die nachteiligen Auswirkungen der Auflösung eines Verlöbnisses, das bereits zu intimen Beziehungen unter den Verlobten geführt hat, die Frau wegen ihrer besonderen Wesensart im allgemeinen viel schwerer als den Mann. Ihre Frauenwürde ist es vor allem, die dabei vielfach Schaden leidet. Infolgedessen und auch infolge ihrer vielfach stärkeren seelischen und persönlichen Gebundenheit an ihren Verlobten wird sie in aller Regel unter dem Bruch des Verlöbnisses seelisch mehr und nachhaltiger zu leiden haben als der Mann. Aber auch ihr Ansehen in der Gesellschaft, ihr berufliches Fortkommen und ihre Leistungs- und Widerstandskraft im wirtschaftlichen Existenzkampf werden dadurch häufiger in Mitleidenschaft gezogen als beim Mann ... Zu (gemeint: den nachteiligen Auswirkungen, U.N.) kann auch die Verminderung der Heiratsaussichten für die Frau gehören ... Von den obigen Erwägungen her kann man den Sinn des § 1300 BGB zunächst allgemein darin erblicken, daß er das Bewußtsein für die dargelegten nachteiligen Auswirkungen wachhalten soll, die die Lösung eines Verlöbnisses im Leben der Frau haben kann, wenn sie dem Verlobten bereits die Beiwohnung gestattet hatte.«

Dem muß wohl nichts mehr hinzugefügt werden.

1 Theodor Bovet, Von Mann zu Mann, Katzmann Verlag Tübingen 1950, S. 34
2 Theodor Bovet, Die werdende Frau – Eine Einführung ins Reifealter für junge Mädchen, Katzmann Verlag Tübingen o. J., S. 43
3 J. Fischer, Nicht Sex, sondern Liebe – Eine Orientierungshilfe für junge Menschen, Hamburg 1966, S. 62
4 Zitiert nach Hannes Schwenger, a.a.O., S. 18
5 »Das ›Kranzgeld‹ verwelkt«, in: Frankfurter Rundschau vom 15. 7. 93
6 Beschluß des Landgerichts Essen vom 8. 1. 57, in: FamRZ 1957 (4. Jg.), S. 175

# Kinsey-Report

»Das Buch ist also in etwa zu vergleichen mit einer stark wirkenden Droge, für die von den Herstellern unmittelbare Publikumspropaganda getrieben wird und die ohne ärztliche Vermittlung unmittelbar an den Verbraucher verkauft wird ... Kinsey betont ... ausdrücklich, daß seine Untersuchungen nur für die amerikanische Bevölkerung gelten und ihre Ergebnisse oder Folgerungen nicht übertragen werden sollten ... Schon deshalb versteht man – von allen anderen Gesichtspunkten abgesehen – nicht, warum jetzt eine Übersetzung des Buches ins Deutsche überhaupt stattfinden soll; die rein wissenschaftlich Interessierten könnten es auch auf englisch lesen ... Wir haben es ... mit dem bewußten Versuch zu tun, aus dem Wissen von den ›reinen Tatsachen‹ des geschlechtlichen Lebens einen Standard des eigenen sexuellen Verhaltens zu gewinnen. Die Statistik als Grundlage einer individualistischen Sexualmoral – ist dies der letzte Schrei des wissenschaftlichen Positivismus? ... Man könnte also das Aufhebens, das die Soziologen und Statistiker von ihrer Entdeckung der vielen Abweichungen von der Norm machen, als ein Zeichen ihrer Lebensfremdheit leicht ironisieren. Wir möchten es nun unseren Lesern überlassen, zu beurteilen, ob die von solchen Grundlagen her gewonnenen Data wirklich geeignet sind, als Beitrag zur Ordnung des sozialen Lebens der Masse unseres Volkes in die Hand gegeben zu werden ... als Ganzes ist das Buch zuletzt doch nur symptomatisch für das Chaos einer ›wissenschaftlich‹ säkularisierten und enthumanisierten Welt und geeignet, die Erreichung eines Endstadiums ihrer Auflösung zu beschleunigen.«

*Herder-Korrespondenz, 1954**

* Anonym, Der Kinsey-Bericht, Herder-Korrespondenz VIII, 1954, 475–482, 475 f., 478, 482

Warum diese Aufregung?

Verursacht wurde sie von dem Biologen Alfred C. Kinsey. Er legte 1949 seinen »Report« über das sexuelle Verhalten des Mannes vor, 1953 folgte ein entsprechendes Buch über die Frau. Kinsey hatte etwas ebenso Einfaches wie Ungewöhnliches getan: Er (oder besser: seine Mitarbeiterinnen und Mitarbeiter) hatten Leute über ihr Sexualverhalten befragt. Insgesamt über 16 000. So verwunderlich es ist: Auf diese Idee war vor ihm noch niemand gekommen. Weil man nämlich schon alles wußte oder alles nicht so genau wissen wollte. 16 000 Menschen wurden also detailliert über ihre sexuellen Praktiken interviewt, angefangen beim kindlichen Doktorspiel übers Masturbieren und Petting, zu homo- und heterosexuellen Kontakten bis zur Häufigkeit des Geschlechtsverkehrs.

Die deutsche wissenschaftliche Welt und Halbwelt reagierte – von Ausnahmen abgesehen –, als sei der Fuchs in ihren Hühnerstall eingefallen. Alle mußten mehr oder minder zähneknirschend zugestehen, daß Kinseys Arbeit methodisch sauber und solide war. Deshalb versuchte man ihn und seine Arbeit zu diffamieren, indem man beispielsweise mitleidvoll persönliche Probleme des Forschers andeutete, die ihn zu solchen Forschungen trieben. Oder es wurden komplizierte psychoanalytische Konstruktionen entwickelt, mit denen nachgewiesen werden sollte, daß die Interviewer überwiegend homosexuell gewesen seien, und es wurde süffisant bemerkt, das müßten ja Leute einer ganz gewissen Sorte sein, die solche Fragen beantworteten, anstatt die Interviewer vor die Tür zu setzen. All das brachte wenig.

Die meisten deutschen Wissenschaftler waren sich über Kinseys Forschungen einig: So etwas tut man nicht. Diesen Standpunkt darf man haben. Ich gestehe, es gibt gar nicht so wenige Fälle, wo ich ihn teile. Vielleicht noch nicht gerade da, wo mittels durchsichtiger Penisnachbildung untersucht wird, wie es in der Vagina der Frau beim Geschlechtsverkehr zugeht. Bestimmt aber da, wo *geforscht* wird, was mit geklonten Embryonen passiert. Meiner Ansicht nach hat jede(r) das Recht, bestimmte Methoden und Fragestellungen als unappetitlich abzulehnen, und ich halte es darüber hinaus für eine Pflicht, anderes nicht nur abzulehnen, sondern nach Kräften zu bekämpfen.

Aber: Wer *so etwas* wie Kinsey nicht tut und sich trotzdem munter über Sexualität verbreitet, muß die Frage erlauben, woher er sein Wissen bezieht. Und darauf ist schnell geantwortet: Ihre Kenntnisse bezogen die deutschen Wissenschaftler je nach Geschmack von Goethe (»Dienen lerne beizeiten das Weib nach ihrer Bestimmung«), Nietzsche (»Das Glück des Mannes heißt: Ich will. Das Glück des Weibes heißt: Er will«) oder der Bibel (»Gar reichlich will ich machen deine Beschwerden und deine Schwangerschaften . . . er aber soll herrschen über dich«). Wer glaubt, das sei eine karikierende Übertreibung, irrt leider. Außerdem gab es Schlußfolgerungen von folgender Qualität: Weil das Mädchen Hymen hat, ist es sexuell zurückhaltend; weil die Geschlechtsorgane beim Manne außen, bei der Frau innen liegen, ist er extrovertiert-aktiv, während sie innerlich-innig ist.

Der Aufschrei gegen Kinsey war aber mehr als die Hysterie bigotter und verklemmter Wissenschaftler. Kinsey hatte in zwei Punkten den Nerv des damaligen deutschen (und wahrscheinlich nicht nur des deutschen) Wissenschafts-Verständnisses getroffen:

1. Kinsey führte einen neuen Begriff des *Natürlichen* in Sachen Sexualität ein.
2. Kinsey befand (»im demokratischen Jargon«, wie die Herder-Korrespondenz indigniert notierte), daß jede und jeder das Recht hätte, über die Ergebnisse von Forschungen informiert zu werden. Und er hielt sich an seinen Grundsatz.

Der erste Punkt hört sich nicht aufregend an. Tatsächlich ging es aber um eine Revolution. Hierzulande war es gang und gäbe, von *der Natur* und *dem Natürlichen* zu sprechen, wenn es in Wirklichkeit um moralische Vorstellungen oder geschichtlich bedingte Verhaltensweisen ging. Tatsächlich ließe sich als Regel aufstellen: Je mehr einer davon spricht, dies und das sei *von Natur aus so*, um so weniger Ahnung hat er von der Macht kultureller Prägung. *Natürlich* war der Wunsch des Mädchens, seine Jungfräulichkeit zu bewahren, *unnatürlich* waren Masturbation und Homosexualität. Die *natürliche* Frau hatte bei jedem Beischlaf den Wunsch, schwanger zu werden, *unnatürlich* war es, wenn sie nicht Hausfrau sein wollte. Der Mann hatte eine *natürliche* Veranlagung zur Promiskuität und wollte *natürlich* unterwerfen. Die *natürliche* Frau wollte nur einem treu sein und sich unterwerfen lassen.

*Natürlich* übten solche Zuschreibungen einen unglaublichen Druck aus: Welcher Mann, welche Frau wollten als *unnatürlich* gelten (ein paar Jahre früher hätte man wohl *entartet* gesagt). So unterdrückten die Männer tapfer ihre passiven, die Frauen ihre aktiven Seiten, und die Wissenschaft konnte sich selber auf die Schulter klopfen, weil sie doch so recht gehabt hatte. Der ausgeübte Druck war nicht zuletzt ein moralischer. Die »wahrhaft liebende Frau« – so wurde z. B. gelehrt – werde vom Orgasmus (anders als der Mann) in ihrer Persönlichkeit tief erschüttert. Gewiß, es gebe auch die »primitiv-triebhafte, nur genital interessierte Frauensperson«. Aber das sei eben nicht die »positive Norm«, nicht der »gesunde Durchschnitt«[1]. Jede Frau tat darum gut daran, mehr auf seelische Erschütterung denn auf sexuelle Lust abzuheben.

Kinsey stellte nun durch einfaches Zählen fest, wieviel masturbiert wurde, wie das mit homosexuellen Kontakten und der Jungfräulichkeit war, und schloß daraus, daß die Bandbreite sexuellen Verhaltens ungleich größer war, als das manchen Leuten gefiel. Sicher ist es problematisch zu sagen, *alles, was vorkommt, ist natürlich*, doch ich denke, Kinsey gehörte nicht zu jenen *schrecklichen Vereinfachern*, die so verfahren. Aber umgekehrt ließ sich nach Kinsey beispielsweise nur noch schwer behaupten, Masturbation sei unnormal, wenn über 90 % der Männer (und damals deutlich weniger Frauen, zugegeben) sie praktizierten.

Zum zweiten Punkt: Geheimnis und Herrschaft hängen eng

zusammen. *Was ich nicht weiß, macht mich nicht heiß.* Das ist zwar manchmal recht angenehm, läßt aber auch meine Möglichkeiten zu handeln schrumpfen. Wenn ich keine Information über Empfängnisverhütung erhalte, nehme ich die jährliche Schwangerschaft als *normal* hin. Die Meinung, daß nicht jeder alles zu wissen braucht, war selbst bei Leuten verbreitet, denen man es nicht zutraut. Hans Giese, Promotor der deutschen Sexualforschung nach dem Krieg und darob aufs übelste angefeindet, meinte z. B.: »Aufklärung gehört überhaupt nicht in die Öffentlichkeit, sowenig wie die Krankengeschichte oder der Kommentar dazu in die Hand des Patienten.«[2] Nicht einmal über sich selbst sollten die Leute Bescheid wissen.

Das Motiv dabei war nicht nur, daß es Spaß macht, *Herrschaftswissen* zu haben und andern vorzuenthalten. Sondern die Erfahrung lehrte auch schon damals: Wer glaubt, nur er allein versage, während alle anderen keine Probleme zu haben scheinen, wird beherrschbar. Es wurden schamlos die Einsamkeit und die Versagensgefühle derer ausgenützt, die glaubten: *Nur ich onaniere, nur ich bin homosexuell, nur ich schaffe es nicht, jungfräulich in die Ehe zu gehen.* Das Wissen darum, daß es vielen so geht wie einem selbst, befreit. Und es ist das Verdienst Alfred C. Kinseys, viele Menschen von einer zentnerschweren Last befreit zu haben. Das halte ich für eine moralische Tat.

1 Eberhard Schaetzing, Die verstandene Frau. Ärztliche Seelenführung der Frau in Not (Gynagogie), J. F. Lehmanns Verlag München 1952, S. 44 f.
2 Hans Giese, Die politische Rolle . . ., a.a.O., S. 23

# Kondom

»Wer in Warenautomaten an öffentlichen Straßen oder Plätzen Gummischutzmittel (Präservative) feilhält, verletzt Sitte und Anstand schlechthin – gleichviel, ob andere anstößige Umstände hinzutreten oder fehlen.

Gründe: ... Mittel, die zur Verhütung von Geschlechtskrankheiten dienen, sind wesensmäßig geschlechtsbezogen. Dennoch nimmt es das natürliche Schamgefühl um der Gesundheit des menschlichen Körpers willen noch hin, daß die Mittel öffentlich (z. B. in Zeitungen und anderen Schriften) angekündigt und angepriesen oder (z. B. in Schaufenstern) ausgestellt werden, sofern dies unauffällig und unaufdringlich geschieht, dem Kundigen als ein Hinweis auf eine Bezugsmöglichkeit, dem Unkundigen zur belehrenden Aufklärung, daß er sich mit ihrer Hilfe die Gesundheit erhalte. Bei allen anständigen und gesitteten Menschen muß aber Ärgernis erregen, wer solche Mittel auf öffentlichen Straßen und Plätzen ausstellt, feilhält und verkauft ... Eindeutig geschlechtsbezogene Dinge verlieren dadurch das Schamhafte und Peinliche, das ihnen besonders dann anhaftet, wenn sie (wie hier häufig) zu nicht naturgemäßem Geschlechtsverkehr bestimmt sind. Sie erhalten so, zumal im Angebot neben Gegenständen des täglichen Gebrauchs, den Anschein des Unverfänglichen und Selbstverständlichen. Das muß namentlich bei Kindern und Jugendlichen alle Begriffe von Sitte und Anstand hoffnungslos verwirren und das Schamgefühl zuletzt zerstören ...«

*Urteil des Bundesgerichtshofs vom 17. 3. 1959**

* Urteil des 1. Strafsenats des Bundesgerichtshofs vom 17. 3. 1959 – 1 STR 562/58, zitiert nach FamRZ (Ehe und Familie im privaten und öffentlichen Recht – Zeitschrift für das gesamte Familienrecht) 6, 1959, 238–240, 238 f.

Das Bundesgesundheitsministerium wirbt dafür, das Fernsehen strahlt Spots aus, bei staatlich ausgeschriebenen Schülerwettbewerben werden die flottesten Sprüche prämiert (»Sei kein Dummi, nimm 'nen Gummi«), Ärzte, Pädagogen, Kirchenleute (sofern nicht zu katholisch), alle plädieren für »safer Sex«. Und alle hätten sich bis in die Mitte der 60er Jahre hinein strafbar gemacht. Bis dahin galt § 184.3 des Strafgesetzbuches: »Mit Gefängnis bis zu einem Jahr und mit einer Geldstrafe oder mit einer dieser Strafen wird bestraft . . . wer in einer Sitte und Anstand verletzenden Weise Mittel, Gegenstände oder Verfahren, die zur Verhütung von Geschlechtskrankheiten dienen, öffentlich ankündigt, anpreist oder solche Mittel oder Gegenstände an einem dem Publikum zugänglichen Ort ausstellt.« Dieser Paragraph setzte viele Juristen in Brot und Arbeit. Es gab Prozesse durch alle Instanzen. Der Bundesgerichtshof, das höchste deutsche Gericht in Straf- und Zivilsachen, nahm diesbezüglich allein zwischen 1959 und 1961 dreimal sittenbildend Stellung. Die Anlässe glichen sich: Irgendwer wollte einen Automaten zum Verkauf von Präservativen aufstellen, erhielt dafür keine Genehmigung des städtischen Ordnungsamtes, klagte dagegen und unterlag in aller Regel. So wollte beispielsweise der Inhaber eines »Seifenwarengeschäftes« 1955 an seinem Laden einen Automaten anbringen, in dem »neben Tampons, Camelia und Hautcreme . . . auch Gummimittel feilgeboten« werden sollten. Der Automat wurde genehmigt, allerdings nur für die Hautcreme, der Verkauf von »Gummischutzartikeln, Tampons und Camelia« per Automat dagegen verletze »Sitte und Anstand«. Bei Tampons und Camelia gab die Stadtverwaltung dann nach. Vermutlich weil der Nachweis der Sittenwidrigkeit der Monatsregel etwas schwierig zu führen gewesen wäre. Aber bei den »Gummischutzartikeln« blieb man hart. So nahm das Schicksal in Gestalt mehrerer Prozesse seinen Lauf.

Bei solchen Gelegenheiten fand sich mancherlei Anlaß zu tiefschürfenden Überlegungen. Der Verwaltungsgerichtshof Stuttgart geriet 1958 in Versuchung, die »strafrechtlich schwerwiegende« Frage zu erörtern, »ob die Benutzung von Präservativen beim ehelichen Geschlechtsverkehr unzüchtig ist«, ließ es dann aber doch bleiben und beschränkte sich auf die Feststellung, daß Präservative einen eindeutigen Hinweis auf den außerehelichen Geschlechtsverkehr darstellten. Und der – darüber bestand kein Zweifel – war in und an sich unzüchtig und sittenwidrig. Es wurde ferner überlegt, ob das religiöse Empfinden verletzt werde, wenn ein Präservativautomat in der Nähe eines Kruzifixes angebracht werde (Ja), und ob die Angelegenheit milder zu beurteilen sei, wenn von außen der Inhalt des Automaten nicht erkennbar wäre (Nein).

Kondome waren damals die einzig halbwegs sichere Methode, unerwünschten Nachwuchs zu verhindern, gleichzeitig waren sie relativ problemlos zu erhalten. Alles andere war entweder fest in ärztlichem Griff und wurde nur rausgerückt, wenn man seine Pflicht zum Staatserhalt abgeleistet hatte, oder es taugte nichts oder beides. Sinn und Zweck des Kampfes gegen Präservativautomaten war also klar: Empfängnisverhütung sollte verhindert werden. Einerseits, um den Kindersegen nicht zu beschränken, aber fast noch mehr, um Jugendliche oder nicht miteinander Verheiratete zu moralischem Verhalten, oder was man dafür hielt, zu zwingen. Die Angst vor dem Kind sollte die Sexualmoral sichern helfen. Eine Karte, auf die noch heute manche Leute setzen.

Geniert haben sich die Richter allerdings, diesen Zweck klar auszusprechen. Sie benannten Kondome noch nicht einmal als ein Mittel zur Empfängnisverhütung. Treuherzig wurde (siehe oben) von Erhalt der Gesundheit und Vermeidung von Geschlechtskrankheiten geredet. Aber jeder wußte, worum es tatsächlich ging. Lediglich im Verhüterli-Urteil des Schweizer Bundesgerichts von 1960 war klipp und klar die Rede von empfängnisverhütenden Mitteln, deren Automatenverkauf allerdings auch höchstrichterlich als mit dem schweizerischen Verständnis von Sittlichkeit unvereinbar angesehen wurde, selbst wenn er an »diskreten Orten« (Männertoiletten)« stattfände.

Weil das alles so genierlich war, ließ es sich gut als Druckmittel einsetzen. Ganz offen wurde argumentiert, man wolle den Betreffenden möglichst nicht den peinlichen Gang in die Drogerie oder Apotheke ersparen, damit sie dort ihr Begehren (in doppeltem Sinne) öffentlich machen müßten.

Wer also heute noch Probleme mit dem Erwerb von »Gummischutzartikeln« hat, weiß jetzt, wem er sie (auch) zu danken hat.

# Kuppelei

»In mustergültiger Weise bringt der BGH (Bundesgerichtshof. U.N.) die Abhängigkeit des Strafrechts von der sittlichen Ordnung zum Ausdruck ... Indem der BGH die Unzüchtigkeit des Geschlechtsverkehrs zwischen Verlobten für gegeben erachtet, leistet er einen wertvollen Beitrag für die Sichtbarmachung der sittlichen Ordnung ... Die Frage der Begehung der Kuppelei durch Unterlassung ist gerade im Familienbereiche häufig nicht eindeutig erkennbar. Der BGH ist sich der hier entstehenden Schwierigkeiten sehr bewußt. Er bringt das dadurch zum Ausdruck, daß er davor warnt, die Frage, ob ein Tun oder Unterlassen vorliegt, zu formal zu entscheiden ... Öffnet die Mutter den Verlobten die Haustür, verhält sie sich aber im übrigen passiv, so liegt kein positives Tun vor, da das Türöffnen eine in sich indifferente Handlung ist. Sie ist ihrer Art nach nicht auf eine unzüchtige Handlung gerichtet. Anders liegt der Fall, wenn die Mutter bei erkennbarer Ablehnung und im übrigen völlig passivem Verhalten Bettwäsche herausgibt, da hier ein auf den Vorgang gerichtetes Tun vorliegt.«

*Prof. Dr. Karl Peters, 1954**

Kuppelei? Das hat doch was mit Rotlicht-Milieu, Puffmüttern und Zuhältern zu tun? Falsch, ganz falsch! Mindestens bis November 1973. So lange war der alte § 181 des Strafgesetzbuches in Kraft. Und das bedeutete, daß mit Gefängnis bis zu fünf Jahren bestraft werden konnte, wer den außerehelichen

* Karl Peters, Kuppelei bei Verlobten, in: FamRZ (Ehe und Familie im privaten und öffentlichen Recht – Zeitschrift für das gesamte Familienrecht), 1954, 96–99, (96–98)

Geschlechtsverkehr seiner Untermieter, Hausangestellten oder Kinder duldete. Wohlgemerkt: duldete. Nicht etwa daß er sich die Bereitstellung einer Bettstatt extra bezahlen ließ.

Das Urteil des BGH von 1954 erfreute nicht nur Strafrechtsprofessor Peters, sondern alle, die sich noch um Sitte und Anstand sorgten, denn es stellte für die nächsten zwanzig Jahre sicher, daß Geschlechtsverkehr zwischen Verlobten Unzucht ist. Wenn aber Geschlechtsverkehr zwischen Verlobten als Unzucht zu gelten hatte, konnte das nicht folgenlos bleiben: Brauteltern machten sich der Kuppelei schuldig, wenn sie ihren Max und seine Hannelore gemeinsam unter ihrem Dach übernachten ließen. Warum sich Max und Hannelore nicht selbst strafbar machten, wenn sie miteinander Unzucht trieben, hatte sicher gute juristische Gründe. Sie sind mir aber verborgen geblieben.

Es soll nicht unerwähnt bleiben, daß im Juni 1953 die erste »Umfrage in der Intimsphäre«, wie der etwas mißverständliche Titel des demoskopischen Werkes von Ludwig v. Friedeburg lautete, folgendes Ergebnis erbrachte: Auf die Frage »Hatten Sie vor Ihrer Ehe intime Beziehungen zu einer Frau?« antworteten lediglich 10% der Männer mit nein. Von den Frauen gaben 72% an, vor der Ehe Geschlechtsverkehr gehabt zu haben.[1] Das heißt: Als der Bundesgerichtshof seine wegweisende Entscheidung traf, hatten 9 von 10 deutschen Männern und 7 von 10 deutschen Frauen im juristischen Sinne irgendwann einmal Unzucht getrieben. Vielleicht auch mehr als einmal. Da sich solches nach allgemeiner Lebenserfahrung nur ausnahmsweise auf der grünen Wiese abgespielt haben dürfte, ist die Schätzung, daß sich im Lauf der Zeit viele Millionen Deutsche der Kuppelei strafbar gemacht haben dürften, sicher nicht zu hoch gegriffen.

Selbstverständlich gab es keine Millionen Strafverfahren, sondern nur ein paar Dutzend jährlich. Aber das reichte auch: »Strafe einen und erziehe hundert.«

Man kann diese Prozesse komisch finden. Das sind sie auch. Aber wir sollten – und dies meine ich ganz ohne Ironie –

nicht übersehen, daß es da auch um eine bitterernste Angelegenheit ging. Selbstverständlich haben Professor Peters und der Bundesgerichtshof in einem Punkt recht: Ethische Fragen lassen sich nicht per Mehrheitsbeschluß entscheiden. Aber genauso unmöglich ist es, sich einfach per Gerichtsentscheidung über die Mehrheit hinwegsetzen zu wollen. Genau darin bestand der Aberglaube und die Arroganz juristischer und sonstiger Autoritäten. Sie hielten ihre höchst zeitgebundene Auffassung für der Weisheit letzten Schluß und setzten sich mit anderer Leute Meinung bestenfalls mittels Diffamierung auseinander. Dies hatte – so meine ich – einen tiefen und beunruhigenden Grund: Es fehlte all diesen Autoritäten das Bewußtsein, in einem pluralistischen Staat zu leben. Dem Einwand: *Es denken aber keineswegs alle so wie Sie*, wurde gewissermaßen nur entgegengehalten: *Das ist ja gerade das Schlimme.* Es gab nur eine Wahrheit und eine Moral, selbstverständlich die eigene. Der für eine pluralistische Gesellschaft und für eine funktionsfähige Demokratie absolut notwendigen Einsicht: *Wir leben in einer Gesellschaft mit sehr verschiedenen Gruppen und vielfältigen Anschauungen, wir müssen um einen vernünftigen Ausgleich bemüht sein*, donnerte Ächtung entgegen. Solches galt als verhängnisvoller Relativismus (heute heißt das: *Beliebigkeit*), der geradewegs zum Untergang von Kultur, Staat, Volk, Familie, Ehe usw. führe. Und so kämpfte die deutsche Justiz tapfer gegen Realität und Bevölkerung. In diesem Fall erwies sich à la longue die Realität als stärker. Das ist keineswegs immer so.) Die vielbeschworene sittenbildende Kraft des Strafrechts versagte, und die Herren Dämmebauer gegen die Flut der Unmoral gingen baden.

Aber: Bis es soweit war, hatten sie Macht, die Menschen in Angst zu versetzen. Da waren dann die peinlichen Situationen im Hotel, wenn die vorgelegten Personalausweise auf unterschiedliche Namen lauteten. Da war das befürchtete Klopfen der Zimmerwirtin, wenn frau Herrenbesuch hatte (»Um zehn Uhr kommt der Trieb«, klärte mich eine auf). Da war die Unmöglichkeit für ein unverheiratetes Paar, eine Wohnung zu mieten. (»Wohnraumzuteilung an ein in wilder Ehe lebendes Paar ist unzulässig«, mußte sich 1954 ein Wohnungsamt vom Richter sagen lassen.) Und da war eben auch die sinnvolle Überlegung der Eltern, den Verlobten ihrer Tochter besser bei der Tante Hilde einzuquartieren als im eigenen Gästezimmer. Nicht nur *weil die Leute sonst reden.* Sondern um nicht in eine Situation zu kommen, wie ein Vater 1962. Er hatte ein Haus, und in diesem Haus wurde für den Sohn und dessen Braut eine Wohnung bereitgestellt. Diese Wohnung war – und das ist für den weiteren Verlauf wichtig – komplett (will sagen: mit Ehebett) eingerichtet. Der Vater beging nun einen folgenschweren Fehler: Kurz vor dem anberaumten Hochzeitstermin erlaubte er den Verlobten, in dieser Wohnung zu übernachten. Aus der Hochzeit wurde nichts. Ob deshalb, entzieht sich meiner Kenntnis. Auf alle Fälle besannen sich daraufhin die Brauteltern auf die Moral, des näheren auf den § 181 StGB, und erreichten die gerichtliche Feststellung, daß bereits in der Zustimmung zum Übernachten »ein positives aktives Vorschubleisten der Unzucht« liege und »im übrigen schon jede Verbesserung der Bedingung für die ›Unzucht‹ ein Vorschubleisten nach den Kuppeleivorschriften« sei.

Das zu hören wird die Brauteltern in ihrem moralischen Empfinden sehr befriedigt haben. Noch mehr aber – so vermute ich – die Verurteilung des Ex-Bräutigamvaters zu einer Woche Gefängnis. Ohne Bewahrung.

1 Ludwig v. Friedeburg, Die Umfrage in der Intimsphäre, Ferdinand Enke Verlag Stuttgart 1953, S. 89

# Liebe und Sex

»Die Lust oder gar das Recht auf Lust spielen in der naturwissenschaftlichen Medizin verständlicherweise keine Rolle, denn die Naturwissenschaften kennen nur die Frage nach der Ursache irgendwelcher Phänomene, und unter diesen Ursachen kommt der Mangel an Lust nicht vor . . . Wenn die rein sexuelle Betätigung heute eine so große Rolle spielt, dann wohl nicht zuletzt deswegen, weil sehr viele Menschen ein nicht voll ausgefülltes Leben führen und die sexuelle Betätigung, nachdem jetzt viele moralische Hemmnisse gefallen sind, sich praktisch immer ermöglicht. Daß Mangel an erfülltem Leben sexuelle Betätigung herausfordert, findet seinen Niederschlag in dem bekannten Sprichwort: ›Müßiggang ist aller Laster Anfang.‹«

*Prof. Dr. med. Arthur Jores, 1970**

Sexualität und Liebe – das ist ein weites Feld. Und so komisch manches klingt, was Jores und andere schrieben, und so unrecht sie haben: Es ist nicht nur falsch. Das macht es ja so schwer in der Auseinandersetzung mit den *Wertkonservativen.* Die haben es einfach: Schwarz oder weiß, gut oder böse. Unsereins sagt: *Ja, aber.* Schon schlecht. Wer *Ja, aber* sagt, muß längere Sätze machen, und gleich hört niemand mehr hin, oder es heißt: *Sie wollen sich wohl rausreden?*

Trotzdem: *Ja, aber.* Ja, es gibt Sex aus Langeweile, egoistische Sexualität, es gibt Verwechslung von Lust und Glück, von Sex und Liebe. Aber erstens gab es das schon immer, und zweitens ist es ein Irrtum zu glauben, weil heute manches

* Arthur Jores, Lust und Gesundheit – Der Beitrag eines Arztes, in: Anton Grabner-Haider, Recht auf Lust?, Verlag Herder Freiburg-Basel-Wien, 1970, 155–166, 157 f.

schlecht sei, wäre früher alles besser gewesen. Der Mißbrauch der Sexualität, ihre Instrumentalisierung und Indienstnahme für höchst eigensüchtige Interessen war vor dreißig, vierzig Jahren nicht geringer als heute, sogar häufiger, würde ich sagen. Der Unterschied ist: Damals ging es nicht so sehr darum, daß einzelne andere einzelne mißbrauchten oder verzweckten, sondern daß die Sexualideologie der Herrschenden darauf angelegt war, alle in Dienst zu nehmen und sie ihrem Zweck zu unterwerfen. Folgerichtig wurde in der Sexualität damals alles als »egoistisch« und »mißbräuchlich« deklariert, was auf individuelles Glück abzielte. Das Wort vom »Egoismus zu zweit« war eine gängige Formel. Wehe, man vergaß unter dem »Jubel des Einsseins« den Zweck, »zu dem diese Einheit geschaffen wurde«, wehe, »wenn Liebe Selbstzweck wird«![1] Merke: Egoisten bezeichnen gerne jene als Egoisten, die sich nicht (mehr) ausbeuten lassen wollen.

Am konsequentesten wurde die Verzweckung der Liebenden von der katholischen Kirche betrieben. Schamlos nannte das Kirchenrecht das Kind als ersten Zweck der Ehe. (Gut katholisch folgte dem der Bundesgerichtshof, als er in einem Urteil feststellte: »Der Zweck der Ehe ist das Kind.«) Ist das keine Herabwürdigung des Menschen zum Objekt?

In den fünfziger Jahren hob ein zaghaftes Bemühen progressiver katholischer Theologen an, diese Aussage wenigstens etwas zu mildern. Die Diskussion dazu ist bis heute nicht abgeschlossen.

Die Mediziner standen den Theologen aber nicht nach. Der »körperliche Zweck« der Frau sei die Mutterschaft, konnte man lesen. Und was Professor Kirchhoff 1961 sagte, wirkt auch nicht gerade so, als sei es damals eher als heute *um den Menschen* gegangen. Nachdem er festgestellt hatte, daß »die Hauptaufgabe der Frau widerspruchslos (!) in ihrer Mutterschaft erblickt«[2] werde, schloß er messerscharf, daß die Erhaltung ihrer Fortpflanzungsfähigkeit höchstes Gebot sei. Von Glück, Liebe und Befriedigung ist da auch keine Rede. Wichtig war, daß die Menschen ihrer gesellschaftlichen Obliegenheit nachkamen: der Reproduktion. Von daher ist der Kampf gegen Empfängnisverhütung nur logisch: Hier emanzipierten sich Menschen, entzogen sich ihrem vorbestimmten Zweck. Es war nicht mehr so, wie es sein sollte: »Das junge Paar hat sich nicht zu fragen: Wollen wir Kinder? Wann und wie viele? Sondern es hat zunächst den Kindersegen als ganz selbstverständlich hinzunehmen, wie er geschenkt wird.«[3]

Über allem schwebte Gott, und mit dem ließen sich Begriffe wie *Gehorsam, Dienst, Pflicht* außerordentlich gut verbinden, egal, ob der Arzt sagte: »Gott will uns und unsere Geschlechtlichkeit beherrschen, ja vielleicht beherrscht er uns weitgehend durch unsere Geschlechtlichkeit. Im Gehorsam erlebte Geschlechtlichkeit heißt Keuschheit.«[4] Oder ob der Psychotherapeut im erigierten Penis ein »Heils-Zeichen« sehen wollte, was heißt, daß Sexualität *eigentlich* nur ein Symbol ist für irgendwas anderes, Gottes Liebe oder so. Das geht ja noch. Aber wenn der Theologe spricht, dann vergeht einem jede Lust: »Durch die sinnvolle Erfüllung des natürlichen Begehrens des Triebes, durch seine Einordnung in den ehrfürchtigen Dienst in heiliger Ordnung, bindet sich der Trieb an den geliebten Ehegefährten und wird so bewahrt vor unruhigem, ziellosem Schweifen und Begehren außerhalb der Ehe.«[5]

Wenn einem die Lust vergeht, ist das aber nicht weiter schlimm. Lust hat sowieso mit Egoismus zu tun. Bei der *echten* Liebe ist das »kleine Ich« gestorben. Sex und Liebe sind Begriffe, die streng geschieden werden. Es sei denn, man versteht unter Lust Ähnliches wie jener Arzt, der meinte, »von allen Geheimnissen der Liebeslust« käme keines dem gemeinsamen Gebet gleich.

Der niedrige Sexus bedarf der »Durchseelung« durch die »Agape« (das ist die garantiert sex-freie Liebe). Irgendwo dazwischen wurde bei dieser Dreistufung der Eros eingeklemmt. Jeder, der in der Liebe auch an sich denkt, Lust auf Sex und Spaß dabei hat, sollte ein schlechtes Gewissen bekommen. Ein schlechtes Gewissen ist die beste Voraussetzung dafür, sich von den selbsternannten Moralhütern beherrschen zu lassen.

Irgendwie paßt das alles auf die Frau: Sie war doch *wesenhaft* darauf aus, sich fortzupflanzen, und sie tat doch nichts lieber, als selbstvergessen zu dienen. Und tatsächlich: Hier schlägt ihre Stunde: Während er ihr den *richtigen* Orgasmus beibringen mußte, hatte sie den ungestümen Mann, der anfangs noch nicht reif für die Ehe sei, »Liebe zu lehren«. Es ist, bedenken wir es recht, eine Infamie: Zunächst wird die Frau durch Erziehung und Ideologie dazu gebracht, ihre eigenen (sexuellen) Wünsche und sich selbst im Dienst an anderen zu vergessen, und dann wird sie (fast möchte ich sagen: als Lockvogel) benutzt, um den Teil der Menschheit, dessen Sexualität noch nicht gar so verbogen war, unter die Fuchtel zu zwingen.

Was ein Häkchen werden soll, wird beizeiten gekrümmt. Angefangen hat es im Grunde mit solchen Dingen wie dem Füttern nach der Uhr: Alle vier Stunden bekam der Säugling etwas, ob er satt oder hungrig war. Das war die erste Gewöhnung daran, daß die eigenen Bedürfnisse unwichtig sind und die Beachtung der *Ordnung* das ist, worauf es ankommt.

Da man damals schon so weit war, um die kindliche Sexualität zu wissen, wurde auch auf sie reagiert: »Eine der notwendigsten Maßnahmen dieser Art ist, zu verhindern, daß das Kind dauernd im Bett der Mutter schläft ... die harmlosen Liebkosungen, die bei solchen Gelegenheiten zwischen Mutter und Kind ausgetauscht werden, (können) für später schädliche Einflüsse auf das Kind hinterlassen.« Außerdem sollte man »niemals« erlauben, daß zwei Kinder im selben Bett schlafen, selbst wenn sie gleichen Geschlechts seien. Von psychoanalytischer Seite wären unzählige Fälle mitgeteilt worden, in denen das später zu nervösen Störungen geführt hätte.[6] Kinder sollten die Eltern nie nackt sehen und ihresgleichen höchstens bis zum Alter von drei, vier Jahren. Koedukation ist aus ähnlichen Gründen abzulehnen, zumindest handelt es sich dabei um eine bedenkliche Angelegenheit. Der Onanie ist gegebenenfalls durch dämpfende Medikamente zu begegnen. Die deutschen Bischöfe hielten 1965 die Erzieher dazu an, das Sich-Verlieben der Jugendlichen »weder als unvermeidliches Übel noch als bloße Gelegenheit zur Sünde (zu) betrachten«. Ob die Erzieher so ganz von allein auf solche Ideen gekommen sind? Aber so ganz ungefährlich finden die Bischöfe die Sache dann auch nicht. Deshalb erklären sie, die »wichtigste Aufgabe« des Jugendseelsorgers sei, »durch die Anleitung zur rechten Aszese, Gebetserziehung, persönliche Führung im Bußsakrament und Hinführung zur Mitfeier des Opfermahls die jungen Menschen ... zu echter Liebe zu bilden«.[7] Das hat denen gerade noch gefehlt.

1 Joachim Illies, Wiedervereinigung der Getrennten. Engadiner Colloquium 1979, zitiert nach Christa Meves, Sexuelle Freiheit und neue Moral, Veritas-Verlag Linz – Wien – Passau 1980, S. 14
2 Heinz Kirchhoff, Die Belastung der berufstätigen Frau und die damit verbundenen gesundheitlichen Gefahren. Vortrag bei der Eröffnungskundgebung des 64. Deutschen Ärztetages am 29. Mai 1961 im Kurhaus Wiesbaden, in: Ärztliche Mitteilungen 46, 1961, S. 1304–1311
3 Theodor Bovet, Die Ehe. Ihre Krise und Neuwerdung. Ein Handbuch für Eheleute und ihre Berater, Tübingen 1948, S. 148
4 Theodor Bovet, Die Ehe. Das Geheimnis ist groß. Ein Handbuch für Eheleute und ihre Berater, Tübingen 1956, S. 73
5 Bernhard Häring, Das Gesetz Christi. Moraltheologie, Erich Wewel Verlag Freiburg/Brsg. ³1956, S. 1079
6 E. Thomson, Sexualität im Kindesalter, in: H. Giese und A. Willy, Mensch – Geschlecht – Gesellschaft. Das Geschlechtsleben unserer Zeit gemeinverständlich dargestellt, Verlag Dr. Günter Zühlsdorf Frankfurt/M 1954, S. 278–283
7 Willi Bokler und Heinz Fleckenstein (Hg.), Die Sexualpädagogischen Richtlinien in der Jugendpastoral, Mainz 1967, S. 13

# Menstruation

»Ich habe überhaupt nichts gewußt. Meine Mutter hat mir dann gesagt, daß jetzt dann irgendwann mal Blut zu sehen ist, und das ist ganz normal, das kriegen alle Mädchen jeden Monat. Und das war's dann. Das muß sein, damit die Mädchen später Kinder kriegen können. Aber wie und was genau da vorgeht, das wurde nicht gesagt. Das war auch so, daß ich mich jedesmal furchtbar geschämt habe und das drei, vier schlimme Tage für mich gewesen sind. Ich habe immer Angst gehabt, das merkt irgend jemand. Und in der Schule hat es noch geheißen, man darf nicht turnen, da habe ich dann so verschwiegen ein Zettelchen von zu Hause mitgekriegt. Ich glaub, ich war die erste in der Klasse. Wenn ich da auf dem Bänkle gehockt bin, die ersten zwei-, dreimal habe ich noch geschwindelt und gesagt, mir ist schlecht und so, wenn sie mich gefragt haben ... Die Binden hat die Mama gekauft. Da habe ich mich schon überwinden müssen, ihr zu sagen, wenn ich wieder welche gebraucht habe. Es wurde nicht so richtig gesagt, aber irgendwie war es etwas Schlechtes, Unanständiges, etwas, das man am besten verheimlicht. Ob das bewußt von daheim ausgegangen ist, weiß ich nicht mal, vielleicht waren die es einfach selber so gewöhnt, und so ist es dann auf mich übergegangen. Als ich mir später selber die Binden gekauft habe, habe ich sie nie bei uns im Dorf gekauft. Da bin ich eben aufs Fahrrad und in die Stadt gefahren. Daß man die Periode hat, ist ja allen klar, aber zu zeigen, jetzt habe ich sie, das wäre peinlich ... Beim Einkochen war es einmal, das ist mir noch gut in Erinnerung, da sind hinterher die Gläser aufgegangen. Da sind sie über mich hergefallen, das könne nur an mir gelegen haben, ich hätte sicher meine Tage gehabt. Ich war dann die Schuldige. Das war später in der Hauswirtschaftsschule noch ausgeprägter, die Nonnen sind so weit gegangen, daß man es hat melden müssen, wenn man Küchendienst hatte, daß man mit keinerlei Lebensmittel in Berührung gekommen ist. Küchendienst war Tabu. Da ist man abgestellt worden zum Putzen oder so. Natürlich gab es dann auch keine Handkommunion ... Das geht heute noch so weit, daß ich mich selbst ertappe, wenn ich beim Einkaufen bin und da meine Waren aufs Band lege und Tampons oder so habe. Wenn ein Mann hinter mir ist, dann würde ich das am liebsten irgendwie verwursteln.«

*Maria K., geboren 1959*

Wenn Frauen zu Vorgesprächen für eine Psychotherapie kommen, ist eine meiner Standardfragen: »Wie war das, als Sie erstmals Ihre Tage bekamen?« Auch noch von ganz jungen Frauen, die um 1970 geboren sind, bekomme ich immer wieder zu hören, wie ihnen verstohlen Binden zugesteckt wurden und sie im Grunde nicht wußten, wie ihnen geschah, weil *es* zu peinlich war, um darüber reden zu können. Wenn heute – glaubt frau der Werbung – die beste Freundin atemlos bei der besten Freundin klingelt, um ihr mitzuteilen, wieviel saugfähiger die neue XY-Binde sei, merke ich, daß ich altmodisch bin. Und in diesem Punkt auch zu bleiben gedenke. Mit meiner besten Freundin bespreche ich anderes. *Zu meiner Zeit* war höchstens von den *kritischen Tagen* die Rede, und diese hatte frau zu verbergen: »Wie sie die kritischen Tage immer mit der gleichen Sicherheit und Heiterkeit meistert, ist das Geheimnis einer kleinen Handtasche. Ein Geheimnis, das nie verraten wird – die kleine ›Camelia‹-Taschenpackung ist ja so unauffällig.«[1] Der Kauf von Binden sollte dadurch diskreter gestaltet werden, daß jede Packung einen Abschnitt zum Abreißen aufwies, den frau dem Kaufmann nur zuschieben mußte, der dann wußte, was fällig war. War das wirklich eine Erleichterung? Oder war es nicht eher ein weiterer Beitrag zur Be-Schämung, eine Verstärkung des

Gefühls: Ich habe etwas an mir, das ist so schlimm, daß es unaussprechlich ist?

Es bleibt nicht folgenlos, wenn frau sich jedes Jahr zusammengerechnet über einen Monat lang schämt, wenn sie im Laufe ihres Lebens drei Jahre lang damit beschäftigt ist, sich zu genieren und darauf zu achten, daß *man* nichts merkt.

Der weibliche Zyklus ist nicht minder normal als der männliche Bartwuchs. Stellen wir uns vor, Männer müßten sich ihres Bartwuchses schämen und hätten ihn möglichst zu verbergen, dann wird klarer, welchen Zweck die Erziehung zur weiblichen Menstruations-Schamhaftigkeit hat. Wobei mit Zweck nicht unbedingt gemeint ist, daß sich irgendwann mal ein paar Männer zusammengesetzt hätten, um zu überlegen: Mit welchen Mitteln bringen wir Frauen dazu, die Augen zu senken, wenn wir sie anblicken, im Haus zu verschwinden und die Öffentlichkeit zu meiden? Es wird vermutlich nicht zielstrebig-reflektiert geschehen sein. Vermutlich, sage ich, denn es gibt durchaus Beispiele, wo ideologiegeleitete Diffamierung nicht dem Bauch, sondern dem Kopf entsprang. Zum Beispiel die Verwandlung der heidnischen Glückszahl 13 in eine Unglückszahl durch das Christentum oder der Ruf-Mord an den *weisen Frauen*, der ihrer tatsächlichen Ermordung als Hexen vorausging. Es könnte also schon sein, daß vor vielen tausend Jahren irgendwer auf die geniale Idee kam, menstruierende Frauen für unrein zu erklären. Aber wie immer es sich verhalten haben mag, eins läßt sich sagen: Ursache für die Be-Schämung der menstruierenden Frau ist das Patriarchat.

Scham ist nicht eingrenzbar. Wer mit einem Makel behaftet ist, vergißt das nicht. Man ließ es die Frauen auch nicht vergessen, selbst wenn sie gewollt hätten. Denn zur Be-Schämung durch Tabuisierung kam die Botschaft der menstruationsbedingten Minderwertigkeit der Frau. Hier, wie z. B. auch bei der Onanie und der Homosexualität, sprang *die Wissenschaft* flugs in die Bresche, als die aus dem Religiösen abgeleitete Begründung nicht mehr so recht zog. Das biblische Verdikt der

Unreinheit und dessen folkloristische Ausschmückung (verdorbene Nahrung, welkende Blumen, mißglückte Dauerwellen) wurde abgelöst durch den Satz von der *gesicherten wissenschaftlichen Erkenntnis.*

Da wäre als Kuriosum (aber auch Kuriosa tun Wirkung) die Theorie vom »Menotoxin« zu nennen. So hieß der angeblich giftige Stoff des Menstrualsekrets, der die Ursache all jener negativen Wirkungen war, die menstruierende Frauen angeblich ausüben. Zwar drückt sich der Forscher (in diesem Fall ein amerikanischer Professor im Jahr 1954) vorsichtig aus, aber das heißt nur, daß er sein Gift subtil verbreitet: »Der intelligente Mensch ist sich heute darüber klar, daß die menstruierende Frau keinen sichtbaren (!) schädlichen Einfluß auf ihre Umgebung hat ... Wir haben keine tatsächlichen (!) Beweise dafür, daß Hände, Atem und Kleider einer menstruierenden Frau eine schädliche Auswirkung hätten, die sich der Menstruation direkt (!) zuschreiben ließe. Auch hört man selten (!), daß ein Säugling von der Milch einer menstruierenden Mutter unter irgendwelchen Beschwerden leiden mußte. Nach dem Stand der modernen Wissenschaft ist die Giftigkeit der Menstruation ein interner Zustand.«[2] Aber über die interne Giftigkeit der Menstruierenden gab es keinen Zweifel: »Die Ausscheidung erwies sich bei Injektionen an Ratten als stark giftig, und bereits einige Tropfen des Materials erwiesen sich oft für 21 Tage alte Ratten als tödlich ... Die größte Giftigkeit wurde in Gebärmutterschleimhautfetzen gefunden ...«[3] Die letzte Dissertation in Deutschland über die mögliche Giftigkeit der menstruierenden Frau stammt aus dem Jahr 1975.

Während Frauen potentielle Giftmörderinnen sind, verfügen Männer über heilende Kräfte. Auch dies ein Ergebnis der Wissenschaft: »Jedenfalls steht fest, daß Frauen mit regelmäßigem, ja häufigem Geschlechtsverkehr, die keinerlei künstliche Verhütungsmaßnahmen vornehmen, selten Unterleibsentzündungen bekommen. Das mag seine Erklärung darin finden, daß in der Samenflüssigkeit des Mannes entzündungswidrige Stoffe vorkommen, die etwa halb so wirksam sind wie Penicillin, wie amerikanische Forscher feststellen konnten.« Ach, hätte man den armen Ratten doch lieber männliches anstatt weibliches Sekret gespritzt, vielleicht lebten sie noch heute!

Wenn wir noch anfügen, daß Radikalfeministinnen sich auf entgegengesetzte Untersuchungsergebnisse berufen, daß nämlich Unterleibskrebs im Nonnenkloster am seltensten vorkomme, so lehrt uns dies, daß das Fähnlein der Wissenschaft nur eines verbindlich anzeigt: die Richtung, aus der der Wind weht.

Ähnlich wie mit dem Wandel von religiös-kultischer Unreinheit zu medizinischer Giftigkeit verhielt es sich mit dem Ausschluß der Frau von Bereichen der Öffentlichkeit. Auch hier waren es die Mediziner, die den Theologen mit Argumenten beisprangen. Menstruation macht minderwertig und untauglich. Zunächst einmal grundsätzlich. Während der Mann der Selbstbestimmte ist, wird die Frau zur Unterworfenen: »Das Mädchen muß schon beizeiten lernen, sich unter das Gesetz seines Lebens zu stellen und Maß zu halten oder Verzicht zu leisten, wenn die Gesunderhaltung des Leibes und der Seele es erfordern.«[4] Beim Mann ist das anders: »Sofern er nicht unvorhergesehenerweise erkrankt, kann der Mann Pläne aufstellen und durchführen, ohne sich um sein physisches Wohlbefinden zu kümmern. Die Frau hat ihre ›Perioden‹ und muß darauf Rücksicht nehmen . . . an jedem beliebigen Tag kann ein Mann heiraten; er muß höchstens auf die Urlaubsmöglichkeiten achten. Innerhalb eines Monats hat die Frau ihre guten und schlimmen Tage, denen man Rechnung tragen muß – zum Beispiel bei der Festsetzung des Hochzeitsdatums. Das gleiche gilt für eine Menge anderer Vorfälle, man denke nur an die Bergtour, auf die sie verzichten muß, weil sie sich unwohl fühlt.«[5] Nun finden Hochzeiten und Bergtouren nicht gar so häufig statt, aber darauf kommt es nicht an. Entscheidend ist das unterschiedliche Bewußtsein, das Männern und Frauen anerzogen wurde: Bei den Frauen kam in des Wortes doppelter Bedeutung in der Regel was dazwischen, während Männern das Gefühl vermittelt wurde, sie seien jederzeit Herr der Lage. Die tatsächlichen Menstruationsbeschwerden spielten bei diesem unterschiedlichen Lebensgefühl die geringste Rolle. Entscheidend waren die impliziten und expliziten Vorschriften, die von Ärzten gegeben wurden: Baden sei wegen erhöhter Infektionsgefahr zu unterlassen, schrieb einer von ihnen 1971. Im selben Jahr riet ein anderer, während der Periode keinen Geschlechtsverkehr zu haben, weil dies zu Verwachsungen der Eileiter führen könne. Außerdem gebe es ästhetische Gründe dagegen (»Ich brauche hier wohl nicht allzu deutlich zu werden!«). Sport und Radfahren waren ebenfalls Dinge, die mindestens von einem Teil der Ärzteschaft den Frauen schlicht untersagt wurden. Das heißt: Nicht durch die Menstruation wird die Frau Einschränkungen unterworfen, sondern die Menstruation dient als Rechtfertigung, die Frau einzuschränken. Eine Frau, die ihre Tage hatte, wurde förmlich krank geredet: »Viele Mädchen und Frauen sind gezwungen, ihre tägliche Arbeit zu unterbrechen und für ein paar Tage das Bett zu hüten. Auch wenn sie ihre Arbeit nicht unterbrechen müssen, fühlen sie sich in dieser Zeit schlapp und elend ... Die geschilderten Beschwerden sind mehr oder weniger normal«[6], hieß es. Krankheit ist für die Frau ein Normalzustand. Damit galten die Frauen konsequenterweise beruflich nur für bedingt einsatzfähig. »85 Prozent der berufstätigen Frauen haben nach Schätzung der Gynäkologen Menstruationsstörungen unterschiedlicher Stärke, und eine Leistungsminderung von 25 Prozent muß als normal angesprochen werden.« Die Verstärkung der Aggression während der Periode sei eine »allgemein bekannte Tatsache«. Anderen Autoren ist die Depressivität der menstruierenden Frau geläufig. Wie auch immer, sie befinde sich »in einem Ausnahmezustand ..., dem Rechnung zu tragen ist, und in dem nicht jede Handlung, nicht jedes Wort auf die Goldwaage gelegt werden darf«.[7] Das klingt freundlich und ist es gar nicht. Die Frauen konnten zwar von Zeit zu Zeit ihren Behindertenausweis zücken und sich damit einige Vorteile verschaffen (z. B. gab es mildernde Umstände für Ladendiebstähle, die in der fraglichen Zeit begangen wurden). Es gab auch etliche Frauen, die zwei bis drei zusätzliche arbeitsfreie

Tage im Monat als ein ihnen zustehendes Recht in Anspruch nahmen. Aber: Der Behindertenstatus hatte auch hier mehr Nachteile als Vorteile. Wer im Ruf steht, an etlichen Tagen im Monat nur 75% Leistung zu bringen und nicht ganz zurechnungsfähig zu sein, taugt nur für inferiore Tätigkeiten, bei denen es nicht so genau drauf ankommt. Wirkliche Verantwortung kann so jemand nicht tragen.

Die Lufthansa schloß bis weit in die siebziger Jahre Frauen von der Ausbildung zur Pilotin aus, wobei anfangs ganz offen argumentiert wurde, während der Menstruation hätten die Frauen gefährliche Konzentrationsschwächen. Die wenigsten Frauen werden nach der Freiheit streben, die über den Wolken grenzenlos sein soll, und immer nur eine kleine Minderheit wird Straßenbahnen lenken wollen. Darum geht es nicht. Sondern um die Erziehung zu einem Selbstbild, das von Scham, dem Glauben an die eigene Unterlegenheit, dem Gefühl des Sich-beschränken-Müssens und des Beschränkt-Seins geprägt ist.

Abhilfe tat und tut not. Ob sie von jenen Feministinnen geleistet wird, die einmal mit dem Spruch »Frauen menstruieren für den Frieden« karikiert wurden (ich glaube es war Dietmar Schönherr), bezweifle ich. Den Menstruations-Kult empfinde ich viel weniger als Rückbesinnung auf vergessene matriarchale Weisheiten (Was mir schon fragwürdig genug wäre. Ich habe kein Heimweh nach der Steinzeit.), denn als Gegenbewegung zur patriarchalen Instrumentalisierung der Menstruation zum Zwecke der Verunglimpfung der Frau. Eine Anti-Ideologie ist aber nicht minder Ideologie als die, die sie bekämpft. Ideologien jedoch haben noch nie sonderlich viel zu Problemlösungen beigetragen.

1 Camelia-Werbung, zitiert nach Sabine Hering und Gudrun Maierhof, Die unpäßliche Frau. Sozialgeschichte der Menstruation und Hygiene 1860–1985, Centaurus-Verlagsgesellschaft Pfaffenweiler 1991, S. 124

2 George V. Smith, Giftstoffe im Menstrualsekret, in: H. Giese und A. Willy, Mensch - Geschlecht - Gesellschaft. Das Geschlechtsleben unserer Zeit gemeinverständlich dargestellt, Verlag Dr. Günter Zühlsdorf Frankfurt/M 1954, S. 353–363

3 George V. Smith, a.a.O., S. 357

4 Frieda Hafner-Staffelbach, Briefe an Gabriele, Luzern–München ²1959, S. 22

5 Pierre Dufoyer. Ehen im Alltag – Die Ehekrise und ihre Überwindung, Rex-Verlag Luzern 1954, S. 69

6 G. Schulte, Die Menstruation, in: H. Giese und A. Willy, a.a.O., S. 343–348

7 Ludwig Kroeber-Keneth, Frauen unter Männern. Grenzen und Möglichkeiten der arbeitenden Frauen, © 1955 ECON Verlag Düsseldorf, S. 52 und 54

# Onanie

»Eine Heilung des dieser Gewohnheit Verfallenen ist nur möglich durch allseitige Behandlung der zugrundeliegenden Symptome. Die Hauptheilmittel sind: grundsätzliche Wegorientierung vom eigenen kleinen Ich in echter Liebe zu Gott und zum Nächsten, eine klare Hinwendung zur Realität, die Sicht des Glaubenslebens von der echten Freude und vom selbstlosen Dienst her. Der Willensschwäche und Launenhaftigkeit muß durch eine ernste, fesselnde Arbeit und bewußte Willenszucht entgegengewirkt werden. Die Phantasie und die Blicke müssen gezügelt werden ... Der Mut, die Kampfbereitschaft und Siegeszuversicht muß auch nach immer wieder vorkommenden Rückfällen gestärkt werden. Der arme Pollutionist braucht vor allem verstehende Güte. Sein Verkrampftsein ins eigene Ich hat ja seinen Grund oft darin, daß er die befreiende Kraft der Liebe nie erfahren hat ... Jede Ipsation ist an sich offenbar schwere Sünde. Aber wenn ein Gewohnheitssünder angefangen hat, ernst dagegen zu kämpfen, so dürfte man ihm bei entsprechenden Anzeichen einer aufrichtigen Bekehrung doch zum Troste sagen, daß der einzelne äußere Rückfall nicht notwendig in jedem Fall bei ihm schwere Sünde ist ...«

*Prof. Dr. Bernhard Häring, 1956**

Es ist kein Zufall, daß der Theologieprofessor bei der Onanie (die er Ipsation nennt) nur den männlichen Teil der Menschheit im Blick hat. Mädchen und Frauen onanierten nach gängiger Überzeugung nicht. Wenn doch, war sowieso Hopfen und

* Bernhard Häring, Das Gesetz Christi. Moraltheologie dargestellt für Priester und Laien, Freiburg/Brsg. [2]1956, 1145 f. (Erstauflage 1954)

Malz verloren: »Es gibt anomal veranlagte Mädchen, die sich in abgelegenen Winkeln zuflüstern, wie sie durch künstliche Reizung der Geschlechtsteile sich selbst befriedigen«[1], erfahren wir in einer Aufklärungsbroschüre, die weibliche Onanie ausnahmsweise thematisiert. Während geraten wurde, mit Jungen über das Thema Onanie zu sprechen, war man gemeinhin der Überzeugung, solches erübrige sich bei Mädchen. So kam es, daß eine große Zahl von ihnen überhaupt nicht wußte, daß auch sie sich selbst befriedigen können. Was die These zu bestätigen scheint, auch durch Verschweigen von Sachverhalten lasse sich Moral erzeugen.

Die negative Bewertung der Onanie war bei Theologen durchgängig, egal welcher Konfession sie angehörten. Es gab nur graduelle Unterschiede und verschiedene Akzentsetzungen. Die einzige Ausnahme, die mir bei der Durchsicht sexualpädagogischer Literatur begegnet ist, stammt von dem protestantischen Theologen und Arzt Klaus Thomas. Was der schreibt, macht deutlich, in welchem Ausmaß damals die Onanie für Jugendliche ein Problem war. Thomas hatte sich als Briefkastenonkel einer christlichen Jugendzeitschrift betätigt. Dreitausend Briefe erhielt er zwischen 1945 und dem Ende der 60er Jahre. Davon hätten 2750 die Onanie betroffen: »Das Ausmaß und die Tiefe der inneren Not dieser Jugendlichen sind schwer darzustellen«[2], schreibt er.

Eine Not, die von den Autoritäten gezielt herbeigeführt worden war. An diesem Vorwurf ändert auch nichts, daß sie aller Wahrscheinlichkeit selber darunter zu leiden hatten, denn auch sie waren einmal Opfer einer entsprechenden Erziehung. Vorbei waren zwar die Zeiten, in denen die Ärzte mit Rückenmarkschwindsucht und Austrocknung des Gehirns drohten. Dergleichen wird seit 1950 als »Altweibergeschichten« oder »Ammenmärchen« bezeichnet. Das finde ich famos: Zu den Wissenschaftlern, die die Gesundheitsschädlichkeit der Onanie seit dem 18. Jahrhundert behauptet und so schlagend nachgewiesen hatten, zählt meines Wissens nicht eine einzige Frau. Ist man sich aber darüber einig geworden, daß die vormalige *gesicherte wissenschaftliche Erkenntnis* nichts als Unsinn war, so wird sie flugs zu einer weiblichen Angelegenheit.

So ganz sicher vor gesundheitsschädlichen Folgen der Onanie durfte man sich aber immer noch nicht fühlen: So ein bißchen Nervosität und Konzentrationsstörung waren nach wie vor drin. Wobei niemand fragte, ob die Nervosität vielleicht die Folge der Angst vor dem Ertapptwerden oder vor den drohenden Höllenqualen war. Ja, liebe Leserin, lieber Leser, das war – mindestens für den katholischen Teil der Bevölkerung – keine Übertreibung. Onanie galt als schwere Sünde, wer starb, ohne sie gebeichtet zu haben, dem drohte ewige Verdammnis. »Viele ängstliche Seelen waren ständig vom Gedanken geplagt, sich im Stande der Todsünde zu befinden, und rigoristische Moralisten und Beichtväter bestärkten sie in ihrer Angst.«[3] Auch dieser Satz stammt von Herrn Professor Häring, allerdings erst aus dem Jahr 1976, als er etwas gescheiter geworden war und vergessen hatte, daß sein Beitrag zur Angstmacherei auch nicht so ohne gewesen war.

Aber auch jene, die solche existentiellen Ängste nicht hatten, sei es, weil sie nicht daran glaubten, oder weil sie einem gnädigeren Gott zugeteilt worden waren, konnten die in Aussicht stehenden Konsequenzen selbstbefriedigenden Tuns schon nervös machen. Es drohten Süchtigkeit, Impotenz und Unfruchtbarkeit. Süchtigkeit, weil Onanieren so etwas Ähnliches sei, wie wenn man sich Morphium spritzt – so war zu lesen. Impotenz und Unfruchtbarkeit betrafen das männliche Geschlecht und rührten von der Vorstellung, Onanie sei »Verschwendung des Samens«. Weil aber jeder Mann davon nur ein begrenztes Quantum habe, sei womöglich gerade im entscheidenden Augenblick nichts mehr da. Vor allem aber mache Onanie unfähig zu einer Liebesbeziehung, weil sie – wir vernahmen es bereits – selbstbezogen (eben »ipsistisch«) mache.

Wie kämpfte nun ein anständiger Junge gegen die Gefahr der Triebverfallenheit? Klar ist, daß er sich keine »schwülen Negersongs« anhörte. Wer das tat, hatte sich die Folgen selbst zuzuschreiben. Statt dessen sprang er beim ersten Ton des

Weckers aus dem Bett. (»Ein junger Mann soll nie im Bett faulenzen und wachträumend seine angenehme Wärme genießen.«) Wenn es ernst wurde, mußte »man den Nahkampf der praktischen Tat aufnehmen«. Das heißt: Im Verteidigungsfall löste der brave Junge Geometrieaufgaben oder nähte Knöpfe an. Vermeidung von Scharfgewürztem war ein Rat, der eher fürsorglichen Eltern gegeben wurde. Aber all das reichte nicht. Entscheidend war »die leidenschaftliche Ergriffenheit für etwas Großes«. Cellospielen war schon ganz hübsch. Aber – wir ahnen, was kommt: »Die tiefste Leidenschaft ist ein lebendiger Glaube« – weiß der Arzt.

Neben derlei Appellen an den Ehrgeiz, den *Feind* zu besiegen, gab es noch die einfühlsam-psychologische Masche. Aus der richtigen Beobachtung, daß bei zwanghafter Onanie ein gravierendes seelisches Problem vorliege, wurde kübelweise Verständnis über alle geleert, die onanierten: offensichtlich – sonst hätten sie es ja nicht nötig – würden sie mit einem Problem nicht fertig. Vielleicht Ärger mit dem Vater? Oder Schwierigkeiten an der Arbeitsstelle? Vielleicht – auch diese Vermutung durfte nicht fehlen – religiöse Probleme? Die Botschaft war: Wenn dein Problem beseitigt ist, onanierst du nicht mehr. Das klingt enorm menschenfreundlich, war aber letztlich nur eine andere Art des Abstempelns: Jetzt war »der arme Pollutionist« kein Sünder mehr, sondern ein bemitleidenswerter seelisch Kranker. Von einer Bewertung der Onanie als etwas Normalem, womöglich sogar etwas Positivem war man genau gleich weit entfernt geblieben.

Der Kampf gegen die Onanie muß einen Sinn gehabt haben. Da dieser Sinn nicht in der Schädlichkeit der Onanie selbst liegen kann, muß woanders gesucht werden.

Zunächst fällt auf, daß Selbstbefriedigung die sexuelle Betätigung ist, die man am wenigsten kontrollieren kann. Allein das ist ein Greuel für alle, die meinen, ein unkontrollierter Mensch sei ein schlechter Mensch. Wenn nun aber Kontrolle von außen nicht möglich ist, läßt sie sich durch verinnerlichte Gebote und Strafandrohungen indirekt doch wiederherstellen. Die

Erzeugung von Schuldgefühlen erfüllt mitunter den Zweck noch besser als ein Überwachungssystem, weil man sich vor sich selbst schlecht verstecken kann.

Ein zweiter Grund für den Kampf gegen die Onanie war, daß sexuelle Lust bestenfalls als Beigabe und Belohnung für die Erfüllung eines Zwecks geduldet werden konnte. Und zwar nach Maßgabe der Autoritäten. Sexualität, das ist nicht l'art pour l'art, nicht Spaß um der Freud willen, sondern eine ernste Angelegenheit, gebunden an die Erzeugung von Nachkommenschaft in der Ehe. (Gerade unter diesem Aspekt mußte die »frustratio seminis«, also die Verschwendung des Samens, als verwerflich angesehen werden.) Der Mensch dient einem Zweck, die Sexualität dient einem Zweck, die Lust dient einem Zweck. Sich selbst genug sein – wo kämen wir denn da hin? Wir kämen zu einer Revolution, zu einer Befehlsverweigerung gegenüber denen, die vorschreiben, wann, wie und unter welchen Bedingungen wir unseren Zweck zu erfüllen haben. Mag sein, daß das für manche etwas übertrieben klingt, nicht aber dann, wenn man liest, wie oft im Zusammenhang mit der Sexualität das Wort »Dienst« und »Zweck« fiel. Es wurde eingebleut, daß eigenes Glück eine höchst zweitrangige Sache sei und daß das wahre Glück darin bestehe, sich selbst zu vergessen. Und zwar nicht in der Ekstase, sondern in der Aufopferung.

»Im Tabu der Onanie verbirgt sich das Tabu der sexuellen Autonomie«, meinte einer von den Gegnern des alten Systems in den 70er Jahren. Recht hat er. Die Alternative ist die zwischen Selbst-Beherrschung (die ja in diesem Fall nur eine kaschierte Fremdbeherrschung ist) und Selbst-Befriedigung. Es ist der Unterschied zwischen der Erfahrung des Unterworfenseins (durchaus verbunden mit einem seltsamen Stolz darüber, daß man sich unterworfen hat) und der Erfahrung: Ich bestimme selbst über mich, meinen Körper, meine Lust.

Die Erfahrung der Selbst-Bestimmung gefährdet die Macht der Fremdbestimmer.

Deshalb: bloß keine Eigen-mächtigkeiten!

1 Franziska Boesmiller, Heiliges Wagnis, München 1954, S. 24
2 Klaus Thomas, Sexualerziehung. Grundlagen, Erfahrungen und Anleitungen für Ärzte, Pädagogen und Eltern, Georg Thieme Verlag Stuttgart 1969, S. 78
3 Bernhard Häring, Reflexionen zur Erklärung der Glaubenskongregation über einige Fragen der Sexualethik, in: Theologisch-Praktische Quartalschrift 1976, S. 115–126
4 Der Verlag dankt Herrn Professor Bernhard Häring für die erteilte Abdruckgenehmigung für die in diesem Kapitel zitierten Texte von ihm. Er weist zugleich darauf hin, daß Häring seine Auffassung in dieser Frage inzwischen sehr modifiziert hat. Vgl. dazu Bernhard Häring, Frei in Christus, Band II, Herder Verlag Freiburg 1980, S. 529–532

# Orgasmus

»Das Vortäuschen bzw. Vorspielen eines Orgasmus scheint zu Beginn der sexuellen Lebensgeschichte der Frau nicht selten zu sein. Diese Art von Theater läßt sich nicht einfach als Lüge abtun. Die Imitation ist vielmehr als eine reale Chance einsichtig zu machen, sich in eine Rolle erst einmal einzufinden, die nicht gerade ›von Natur aus‹ wie selbstverständlich zur Verfügung steht. Die Rolle der den Orgasmus empfindenden Frau muß immer erst gefunden, gestellt, übernommen und geübt werden . . . Zu Beginn jeder heterosexuellen Beziehung ›bildet‹ der Mann – das ist genau beim Wort zu nehmen – seine Wunschvorstellung in das andere Geschlecht regelrecht ›hinein‹, und die Frau ›stellt‹ die Einbildung des Mannes ›dar‹. Im Verlauf der Beziehung entwickelt sich dann aus dem Spiel eine andersartige Realität . . . Sie kann sich schließlich von der einmal übernommenen Rolle endlich so mitreißen lassen, daß real Körperliches ins Spiel kommt, gemeint der Orgasmus – ebenso wie beim Schauspiel der Schweiß auf die Stirn tritt, sich die Haare sträuben und dergleichen, wenn die Rolle es verlangt . . . Spekulativ-überspitzt könnte sich denken lassen, der Orgasmus der menschlichen Frau sei eine Art von Erfindung des Mannes bzw. eine besonders kultivierte Potenz der Frau zum Mitmachen und zur Einpassung.«

*Prof. Dr. med. Hans Giese, 1968**

Gott schuf den Menschen nach seinem Bilde. Der Mann schuf die Frau nach seinen Bedürfnissen.

* Hans Giese, Die Sexualität der Frau, in: Paul H. Gebhard, Jan Raboch, Hans Giese, Die Sexualität der Frau, Reinbek 1968, 107–149, 114 f.

Die obige Variante zur Erklärung des weiblichen Orgasmus ist eine von mehreren. Außer der Vorstellung – die nicht auf Gieses Mist gewachsen, sondern etwas älteren Datums ist –, die Frau habe einen Orgasmus, weil sich der Mann das so ausdenke und die Frau ihm (anpassungswillig wie immer) den Gefallen tue, wäre vor allem noch die Idee vom vaginalen als dem *richtigen* Orgasmus (im Unterschied zum *falschen* klitoridalen oder klitoralen) zu nennen. Und schließlich die Theorie, für Frauen sei der Orgasmus nicht so wichtig. Immerhin habe ich bei der von mir durchgesehenen Literatur nirgends mehr die These von der prinzipiellen Orgasmuslosigkeit der Frau gelesen. Soweit war man(n) also immerhin schon. Auch so weit, das Wort *Orgasmus* auszusprechen und relativ präzise zu beschreiben, was damit gemeint war. Wie er nun aber *sittlich* zu bewerten sei, darüber gab es verschiedene Auffassungen. Einerseits die positive, die dann so klang: »Nach dem Sturm der Leidenschaft sind die beiden Liebenden in ihrem Innersten aufgebrochen, und sie können einander unmittelbar in die Seele schauen. Die eben erfahrene Beglückung erfüllt sie mit tiefem Dank gegeneinander und füreinander gegen Gott.«[1] Eher warnend erhebt sich eine andere Stimme: »Das Gewaltige, Aufwühlende, Erschütternde des Orgasmus hat geradezu eine Tendenz zur Vergewaltigung des Geistes.«[2]

Ich will nicht zu sehr psychologisieren, aber es ist wohl offensichtlich, daß sowohl die Theorie vom weiblichen Orgasmus als Erfindung des Mannes als auch die Theorie vom vaginalen Orgasmus der Abwehr männlicher Ängste vor zuviel weiblicher sexueller Potenz diente. Der Mann, der an diese Theorien glaubte, war sich sicher, er habe *die Sache im Griff*, die Reaktion der Frau sei nichts als die Folge seines Handelns und somit von ihm abhängig. Mindestens in der Phantasie war ausgeschlossen, sie könne mehr wollen, als er geben konnte. Und in einem hat Giese schon recht: Phantasie schafft Realität. Aber diese scheinbar elegante Sache hatte einen Haken: Weil die Rollen so starr verteilt waren, daß der Mann aktiv und die Frau passiv zu sein hatte, war er auch für ihren Orgasmus verantwortlich: Wenn er den weiblichen Orgasmus kreiert, wenn der *richtige* Orgasmus nur mit Hilfe seines Penis erreicht werden konnte (eben vaginal), dann mußte er sich auch entsprechend abmühen. Die Zuweisung dieser Verantwortung und die Schuldzuweisung – falls es nicht klappte – fiel bisweilen erstaunlich deutlich aus: »Erst allmählich lernt die Frau, vom Scheideneingang aus vaginale (an Stelle klitoridaler) Lustgefühle zu empfinden und den Orgasmus zu erreichen. Dies muß sie lernen, und entsprechend soll es sie gelehrt werden.«[3] Wenn das nicht gelinge, »weiß man, daß der Mann Fehler macht«, und er (nur er!) wird zum Nervenarzt geschickt, um sich Rat zu holen. Das war wohl etwas Ähnliches wie eine Erziehungsberatung. Als letzter Ausweg blieb allerdings noch medikamentöse Hilfe »etwa durch Injektionen mit gegengeschlechtlichen Hormonen«, die – so vermute ich mindestens – dann der Frau verabreicht wurden.

Die Frau war Schülerin des Mannes, über sie beratschlagten Männer, falls es mit dem Lernerfolg haperte. Diese Führungsrolle des Mannes ging so weit, daß in einem Ehehandbuch der werdenden bzw. jungen Ehefrau strikt davon abgeraten wurde, sich Informationen (z. B. durch einschlägige Literatur) über erogene Zonen, sexuelle Praktiken und dergleichen anzueignen. Genau dies zu tun wurde dem werdenden oder frischgebackenen Ehemann dagegen dringend ans Herz gelegt. Ihre Sexualität sollte ganz sein Werk sein.

Nirgends fand ich den Ratschlag, einfach die Frau zu fragen, was und wie sie es im Bett wünsche. Das lag sicher zum Teil daran, daß man *über so etwas* nicht sprach, sondern es sich bestenfalls anlas. Aber es hatte auch damit zu tun, daß Mann und Frau nicht als gleichberechtigte Partner und Handelnde gesehen wurden, sondern daß mit ihr etwas gemacht werden, sie zu etwas gebracht werden sollte. Ich meine das jetzt viel weniger in dem gängigen Sinn *die Frau als Objekt des Mannes und seiner Begierde*, diese Seite spielte vermutlich in der pornographischen Literatur von damals genau die gleiche Rolle wie heute, nicht aber in den Ehe- oder Ärzteratgebern. In diesen war ein ebenso redliches wie angestrengtes Bemühen vorrangig, den Männern beizubringen, wie sie es ihren Frauen recht machen können – natürlich auch der eigenen narzißtischen und sonstigen Befriedigung halber. Aber die Frauen blieben dabei exotische Gegenstände der Forschung, die man untersuchen, beobachten, analysieren, beschreiben und vielleicht auch manipulieren konnte, die aber letztlich unbegreiflich blieben und mit denen man nicht in Dialog treten konnte. Der Abschnitt, aus dem das Eingangszitat von Giese stammt, ist nicht zufällig überschrieben: »Das fremde Geschlecht und die Einbildung.« Das fremde Geschlecht – das waren die Frauen. Daß umgekehrt die Männer für die Frauen nicht minder fremd sind und daß beide miteinander sprechen könnten, um sich zu verstehen – das stand nicht zur Debatte.

Wenn nun trotz aller Bemühungen die Frauen frigide blieben, so griff Theorie Nr. 3: *Frauen brauchen das alles nicht so.* Damit konnten sich die an ihren Frauen gescheiterten Männer entlasten und entschuldigen. Die Wissenschaft brachte selbstverständlich auch für diese Theorie Beweise. So schreibt ein Arzt, es sei eindeutig »biologisch und anatomisch« zu erklären (und keinesfalls Folge von Erziehung und Tradition), daß die Frau sexuell weniger wolle. Und: »In der natürlichen, unverbildeten, wertvollen Frau überwiegt das seelische Prinzip, in ihr ist das sexuelle Lustgefühl viel leichter – und zwar ohne Frustration – hintanzustellen als beim Mann.«[4] Als Beleg wurde andernorts angeführt, daß aufgrund wissenschaftlicher Untersuchungen die Hälfte aller Engländerinnen (warum gerade die?) nie in ihrem Leben einen Orgasmus hätten und blendend damit zurechtkämen. Na also!

Wie wirkte die männliche Konstruktion auf Frauen?

Die These von der Erfindung des weiblichen Orgasmus durch den Mann hatte wohl nur in Kreisen der Wissenschaft Bedeutung, die wenigsten Frauen werden sie überhaupt gekannt haben. Anders war es mit dem *vaginalen Orgasmus.* Er wurde eifrig propagiert, obwohl spätestens seit Beginn der 50er Jahre bekannt war, daß die Vagina der Frau ein fast völlig (lust-)unempfindliches Organ ist. Die Frauen mühten sich ab, endlich einen *richtigen* Orgasmus zu bekommen. Es gibt bis heute nicht wenige, die Stein und Bein schwören, sie könnten genau den Unterschied zwischen einem vaginalen und einem klitoralen Orgasmus spüren.

Noch viel mehr Frauen fanden sich allerdings – resigniert oder erleichtert – mit ihrer Orgasmuslosigkeit ab und hielten sich an den Satz, sie bräuchten so was nicht. Das gab ihnen das Gefühl der sittlichen Überlegenheit über die animalischen Männer. Dem Herrn Pfarrer gefiel das auch besser.

Der Teufelskreis wurde nicht durchbrochen: Zunächst wirkte der Satz von der geringeren Sexualität der Frau von Beginn der Erziehung an, dann machten die Frauen ihn sich zu eigen und waren schließlich auf das Ergebnis ebenso stolz wie einst die Chinesinnen auf ihre verkrüppelten Füße.

Doch dann kam die sexuelle Revolution. Die sogenannte. Ich fürchte, am wirkungsvollsten war sie darin, den Frauen den Orgasmus zwingend vorzuschreiben. Andernfalls hatten sie sich als Versagerinnen zu fühlen. Kein sehr berauschendes Ergebnis, will mir scheinen.

1 Theodor Bovet, Die Ehe. Das Geheimnis ist groß. Ein Handbuch für Eheleute und ihre Berater, Tübingen 1956, S. 60
2 Bernhard Häring, Das Gesetz Christi. Moraltheologie, Erich Wewel Verlag Freiburg/Brsg. [3]1956, S. 1105
3 L. Garat, Hindernisse und Fehler, in: Hans Giese und A. Willy. Mensch – Geschlecht – Gesellschaft. Das Geschlechtsleben unserer Zeit gemeinverständlich dargestellt, Verlag Dr. Günter Zühlsdorf Frankfurt/M 1954, St. 409–420
4 Dr. Dr. med. Werner Freytag, Sex – Ehe – Gesellschaft. Ein Handbuch aus ärztlicher Sicht, Verlag Herder Freiburg – Basel – Wien 1971, S. 187

# Polarität der Geschlechter

»Wenn man das Verhältnis von Mann und Frau richtig verstehen will, muß man sich zu allererst über die nicht immer bewußte Tatsache klarwerden, daß ursprünglich zwischen den Geschlechtern eine primäre Feindschaft besteht . . . Dieser Kampf der Geschlechter wurde schon vielfach hervorgehoben . . . Hinter dieser Feindschaft und den gegenseitigen Vorwürfen, die man etwa hört, liegt eine tiefgreifende Verschiedenheit von Mann und Frau. Es ist irreführend, wenn man diesen Unterschied auf einige Grundeigenschaften zurückführen will; denn die Verschiedenheit ist eine totale, sie geht körperlich und seelisch bis in die letzten Einzelheiten. So wie auch der Arm, die Hand, der Fingernagel und jeder einzelne Hautpartikel der Frau anders sind als beim Mann, so sind wohl ihr Fühlen und Denken, aber auch ihre Wahrnehmung der Außenwelt, ihr Lebensstil und Rhythmus, also schon die Vorausetzungen jeder Äußerung, von denen des Mannes grundverschieden . . . So tief ist die Verschiedenheit der Geschlechter.«

*Dr. med. Theodor Bovet, 1948**

Das ist ein recht alter Text. Aber was Bovet sagte, konnte man mehr oder minder explizit, mehr oder minder abgeschwächt noch weitere zwanzig Jahre lang in wissenschaftlichen Werken, medizinischen Ratgebern und Ehehandbüchern finden. Beispielsweise 1966: »Die ›Geschlechtlichkeit‹ des Menschen bezieht sich also nicht nur auf die Geschlechtsorgane . . . sondern sie betrifft immer den ganzen Mann bzw. die ganze Frau,

* Theodor Bovet, Die Ehe. Ihre Krise und Neuwerdung – Ein Handbuch für Eheleute und ihre Berater, Tübingen 1948, 92 f.

die geistigen Lebensäußerungen ebenso wie die körperlichen ... Das menschliche Leben auf dieser Welt vollzieht sich deshalb immer in der Polarität: Im Gegenüber von Mann und Frau.«[1]

Es stellen sich zwei Fragen. Die weniger wichtige lautet: Wie wird dieser Gegensatz der Geschlechter begründet? Wichtiger ist die Frage, welchem Zweck sie dient.

Begründet wird die Polarität immer mit der *Natur*. Auf die einzige Ausnahme, die ich fand, komme ich gleich noch zu sprechen. Männer und Frauen – so heißt es – seien so geschaffen, daß die ersteren aktiv, verstandesbetont, vernunftgeleitet, abstrakt denkend, extrovertiert, führend, erobernd, progressiv, technisch begabt und mehr oder minder polygam seien. Die letzteren dagegen seien passiv, gefühlsbetont, instinktgeleitet, konkret denkend, introvertiert, duldend, hingebend, konservativ, im Pflegerischen begabt und absolut monogam. Weil dies *von Natur* aus so sei, galt jede Abweichung (also ein gefühlsbetonter Mann oder eine aktive Frau) als *unnatürlich. Unnatürlich* ist ein Werturteil, so wurde es auch gebraucht und so wirkte es. Ein Nachdenken darüber, daß dieses gegensätzliche Erscheinungsbild von Männern und Frauen womöglich gar nicht *natürlich*, sondern recht historisch bedingt sein könnte, fand nicht statt.

Der Soziologe Schelsky aber wußte das. Er ist die Ausnahme, die ich oben erwähnte. »Gemeinhin sieht man in dieser verschiedenen sozialen Rolle einen naturgegebenen biologischen Unterschied, aus dem der soziale und kulturelle Aufbau nur die unumgängliche Folgerungen für die sozialen Rollen der Geschlechter gezogen hat. Tatsächlich scheint es aber weitgehend umgekehrt zu sein ...« Das Argument *Natürlichkeit* werde als Mittel der sozialen Sanktionierung und Tabuisierung benutzt, damit (vereinfacht gesagt) alles beim alten bleibt. Die »wirklich vorhandenen biologischen Unterschiede zwischen den Geschlechtern« nennt er »verhältnismäßig belanglos«. Wer nun glaubt, Schelsky blase konsequenterweise zum Kampf gegen den Unsinn der *natürlichen Polarität*, kennt ihn schlecht. Weil »unsere Kultur« auf der »gegensätzlichen Formung der Rollen der Geschlechter« beruhe, habe ein verändertes Rollenverständnis ein »neues kulturelles Gesamtgefüge« (vulgo: eine andere Gesellschaftsordnung) zur Folge.[2] Und Schelsky – unter anderem schon als Mann einer der Profiteure der alten Gesellschaft – müßte mit dem Klammersack gepudert sein, wenn er an deren Abschaffung mit Hand anlegen wollte. Das habe jetzt ich gesagt, aber so weit von der Wahrheit liege ich wohl nicht.

Damit sind wir schon mitten in der Beantwortung der zweiten Frage, nämlich der nach dem Zweck des Konstrukts *Polarität der Geschlechter.* Polarität, das heißt eben nicht grün oder gelb, sondern es heißt schwarz oder weiß. Es heißt oben oder unten, dienen oder herrschen, gehorchen oder befehlen, tun oder leiden. Polarität ist das Gegenteil von *Sowohl-Als-auch, einerseits-andererseits.* Polarität bedeutet letzten Endes Kampf. Deswegen ist es ganz zutreffend, wenn Bovet vom »Kampf der Geschlechter« spricht. Selbstverständlich wurde diese Tatsache allenthalben in Watte gepackt und mit Bändchen verziert. Da ist von »sinnvoller Ergänzung«, »komplementären Rollen«, von »gegenseitigem Aufeinander-Angewiesensein« die Rede. Aber letztlich läuft diese gegenseitige Ergänzung auf das hinaus, was in einer juristischen Zeitschrift 1958 zu lesen war: »Bei der Entscheidungsgewalt (Autorität) geht es um das Recht zu befehlen. Soll dieses Befehlen sinnvoll geschehen, sind beim Befehlenden ganz bestimmte menschliche Eigenschaften vorausgesetzt. Eine tiefere Besinnung auf die psychologische Eigenart des Mannes . . . zeigt eindeutig, daß die zum Befehlen vorausgesetzten Eigenschaften in besonderer Weise männliche Eigenschaften sind. Umgekehrt gewährleistet die menschliche Eigenart der Frau in besonderem Maße, entsprechend dem sinnvollen Befehl sinngerecht zu gehorchen.«[3]

Die aus der *natürlichen Gegensätzlichkeit* der Geschlechter abgeleitete Aufgabenverteilung wird konsequenterweise als etwas dargestellt, was nur zum Besten der Frau sei, alles andere mache sie unglücklich. Aber: Mir ist kein historisches Beispiel bekannt, bei dem Polarisierung einen anderen Zweck gehabt hätte als den, Vorherrschaft zu erlangen, und ihre Durchführung zu etwas anderem geführt hätte als zur Proklamierung der Überlegenheit der einen über die anderen und zur Unterdrückung der einen durch die anderen. Die *natürliche Polarität der Geschlechter* ist Voraussetzung des Patriarchats und ihre wichtigste Stütze.

1 Karl Horst Wrage, Mann und Frau. Grundfragen der Geschlechterbeziehung, Gütersloher Verlagshaus Gerd Mohn Gütersloh $^{2}$1966, S. 15

2 Helmut Schelsky, Soziologie der Sexualität. Über die Beziehungen zwischen Geschlecht, Moral und Gesellschaft, Rowohlt Reinbek 1955, S. 16 und 53

3 A. F. Utz, Zum sog. Entscheidungsrecht des Mannes, in: FamRZ 1958 (5. Jg.) (411–414)

# Schwangerschaft und Geburt

»... und es gibt auch welche, die von ihrem Mann fordern oder wünschen, daß er den ganzen Geburtsvorgang mit ansehe. Was geht wohl in solchen Frauen vor? Welcher Mangel an weiblichem Instinkt und Feingefühl! Eine solche Frau darf sich wahrlich nicht wundern, wenn ihr Mann nicht mehr richtig zu ihr findet.«

*Jolande Jacobi, 1968**

In einem der beliebten Doris-Day-Filme der 60er Jahre war es um des Witzes der Handlung willen notwendig, daß eine Frau im Auto ein Kind zur Welt brachte. Aber wie: Sie saß auf dem Rücksitz, wenn ich es recht erinnere, mit Hütchen auf dem Kopf, verzog ab und zu das Gesicht, als hätte sie in eine Zitrone gebissen, derweil die Hauptdarstellerin als Nothebamme – meist unsichtbar für das Publikum – irgendwo unten im Auto rumwurstelte. Nach kurzer Zeit wurde der anscheinend gebadet und gewickelt auf die Welt gekommene Säugling der glücklichen Mutter in den Arm gelegt. Das Hütchen saß immer noch richtig auf dem Kopf, das Kleid war nicht zerknittert, und die Vorstellung, die Dame hätte sich beim Gebären ihres Strumpfgürtels oder gar ihres Schlüpfers entledigen müssen, wirkte irgendwie absurd.

So bekam frau damals Kinder. Zugegeben: Nicht immer im Auto. Will sagen: Das Verhältnis zu Schwangerschaft und Geburt kann man sich gar nicht zwiespältig genug vorstellen. Auf der einen Seite war Mutterschaft angeblich das schlechthinnige Ziel jeder Frau. Frauen wollten angeblich immer nur das eine.

* Jolande Jacobi, Frauenprobleme – Eheprobleme, Zürich-Stuttgart 1968, 63

Nämlich schwanger werden. Das führt zu einer völlig neuen Sicht der Dinge: Im Grunde sind es nämlich nicht die Männer, die die Frauen zum Objekt ihres Sexualtriebes herabwürdigen, sondern die Frauen bedienen sich der Männer, um ihre Sexualität (diese ist identisch mit dem *Mutterinstinkt*) zu befriedigen. Oder wie Jaochim Bodamer 1960 diese brutale Wirklichkeit zart umschrieb: »Mit dem Kind, das die Frau zur Welt bringt, geht die stärkste Sehnsucht ihres Wesens in Erfüllung, sie ist dadurch in sich bestätigt und daher vollkommen glücklich. Der Mann liebt die Frau ... gleichsam viel aufrichtiger und direkter, ohne geheimnisvollen Hintergedanken ...«[1] Folgerichtig fehlte es nicht an Stimmen, die behaupteten, praktizierte Empfängnisverhütung mache Frauen depressiv und böse auf den Mann, der ihr das Kind vorenthalte. Die Menstruation wurde poetisch als »blutige Träne« bezeichnet, die die Frau weine, weil es wieder mal nicht geklappt habe.

Hatte es aber geklappt, spaltete sich die Frau auf. Einerseits in ein Wesen, von dem die Dichter dichteten und die Sänger sangen. Dieser Teil der Frau trug ein immerwährendes zartes, geheimnisvolles Lächeln auf den Lippen, und sie horchte ständig nach innen (und war deshalb etwas geistesabwesend und unzurechnungsfähig). Noch während meiner psychoanalytischen Ausbidlung war es höchst umstritten, ob Schwangere überhaupt Analyse-fähig seien. Das gibt zu denken. Schließlich war ich während meiner Lehranalyse gleich zweimal schwanger.

Das war der Teil, den auch die Maler malen konnten. Aber ansonsten sollte sich eine schwangere Frau möglichst neun Monate lang versteckt halten: »Wie kommt man über die Häßlichkeit der sogenannten gesegneten Zeit hinweg?« lautete die Frage in einem Eheratgeber. Die Schwangerschaft wurde kaschiert, so gut es ging. Stolz waren jene Fauen, denen man noch im 7., 8. Monat *überhaupt nichts ansah.* Daß eine Schwangere mit der Zeit einen dicken Bauch bekommt, wurde so allumfassend verleugnet, daß selbst Kinder, die ja normalerweise sehr präzise wahrnehmen, das Spiel mitspielten. Sie merkten angeblich nichts. Viele behaupteten steif und fest, sie hätten keine Veränderung an der Mutter bemerkt, als diese ein Geschwisterchen erwartete. Darüber geredet wurde dmals sowieso selten, wenn überhaupt, dann sehr spät. Es waren keine Ausnahmefälle, daß dem älteren Kind erst dann gesagt wurde, es bekomme ein Geschwister, wenn die Mutter bereits im Krankenhaus war. Und dann hatte es sich gefälligst zu freuen.

Allein schon das Wort *schwanger* war ominös. Ich erinnere mich an einen Heiligabend. Damals war ich wohl ungefähr vierzehn Jahre alt und wollte das Weihnachtsevangelium vorlesen. Der Satz über Maria »und sie war schwanger« kam mir auch in seiner dezenteren Form (»und sie war gesegneten Leibes«) nicht über die Lippen. Kurzerhand unterschlug ich den Vers. Ich lag voll im Trend der Zeit.

Wie die Schwangerschaft sollten auch die Folgen unterschlagen werden: »Wie kann ich mir meine Figur vor und nach der Geburt erhalten? . . . Ich möchte doch nicht für Fred (gemeint: der Ehemann. U. N.) ein Gegenstand des Schrekkens werden.«[2] So fragte stellvertretend für die Leserinnen die besorgte Frau im Eheratgeber ihren Arzt.

Ein »Gegenstand des Schreckens« war – siehe Jolande Jacobi – auf alle Fälle eine gebärende Frau. Deswegen und wegen der Hygiene wartete der Mann draußen vor der Tür des Kreißsaals und bot Stoff für Witze über den werdenden Vater. Er war ziemlich ahnungslos, was sich hinter der Tür abspielte. Und sollte es bleiben. Sonst wurde er womöglich impotent. Die Gebärenden selbst hatten auch nicht viel mehr Ahnung. Sie wußten, was sie halt so an Horrorgeschichten von ihren Müttern und Tanten mitgekriegt hatten. »Da Gott das erstemal hat Seinen Sohn geboren, da hat er mich und dich zum Kindbett auserkoren.«

Der Spruch war zwar schon etwas älter, tat aber gute Dienste, weil er bewies, daß die Frauen im Erdulden von Qualen die Größten sind. Man kann auf alles mögliche und unmögliche stolz sein. Frau erst recht. Und was den Männern ihre Kriegserlebnisse, das waren den Frauen ihre Geburten.

Sehen durfte der Vater Frau und Kind, wenn alles vorbei war. Wobei ihm das Kind häufig nur von der Säuglingsschwester an die Glasscheibe des Säuglingszimmers gehalten wurde. Wegen der Hygiene. Die war überhaupt wichtig. Deshalb stand an der Eingangstür von Entbindungsstationen: »Kindern unter 14 Jahren ist der Zutritt verboten.«

Auch die Mutter bekam ihr Neugeborenes kaum zu Gesicht. Alle vier Stunden für zwanzig Minuten zum Stillen. Zum Stillen? Fläschchen wäre eigentlich hygienischer und macht auch den Busen nicht so häßlich.

Irgendwie war das Ganze halt doch eine Sauerei.

1 Joachim Bodamer, Schule der Ehe, Verlag Herder Freiburg – Basel – Wien [2]1962, S. 84 f.

2 Helene Haluschka, Verliebt – verlobt – verheiratet, Styria Verlag Graz [2]1951, S. 96

# Wesen der Frau

»Mit jeder Frau, die aus dem ›halb dämmerhaften Zustand‹ (E. Harding) des typisch weiblichen Daseins hinaustritt in die Welt beruflicher Selbstbestimmung, verrinnt ein Quentchen Weiblichkeit, vermindert sich die weibliche Substanz in der Welt, was auf lange Sicht nicht ohne weittragende Folgen bleiben kann . . . ›Ist es doch die Natur des Weibes, sich im Hintergrund zu halten, Passivität zu wahren, sich und seine Reaktionen – psychologisch gesprochen – zu verbergen und sein Ziel nur auf Umwegen und mit weitgehend unbewußten Mitteln anzustreben. Sich als ein klares und eindeutiges Individuum hinzustellen, hervorzutreten und auszusagen, was man zu sagen hat, dies ist eine Forderung, der sich die weibliche Natur geradezu entgegenstellt.‹ . . . Im Grunde ihres Wesens spürt die Frau sehr wohl, daß sie Wesenhaftes und sie als Frau Auszeichnendes einbüßt, wo sie in die offene Konkurrenz mit dem Manne eintritt. Gerade wo sie obsiegt, verliert sie typisch Weibliches. Auf diese Weise erklärt sich auch die gerade bei erfolgreichen Frauen häufige widerspruchsvolle und räsonierende Grundstimmung.«

*Dipl. Psych. Ludwig Kroeber-Keneth, 1955**

Zunächst muß ich grundsätzlich werden. *Das Wesen* (oder *die Natur*) der Geschlechter war nicht nur deshalb ein wichtiger Begriff in den ersten Jahrzehnten der Bundesrepublik, weil er ständig im Munde geführt wurde, sondern weil er für ein bestimmtes Denksystem steht.

* Ludwig Kroeber-Keneth, Frauen unter Männern – Grenzen und Möglichkeiten der arbeitenden Frau, © 1955 ECON Verlag, Düsseldorf, 172–174; Esther Harding, die von ihm zitiert wird, war analytische Therapeutin und Jung-Schülerin

Ich unterstelle einmal, auch wenn's schwerfällt, daß die damaligen Autoritäten immerhin geglaubt haben mögen, es gehe ihnen um das Glück der Menschen. Auf die Frage *Wie wird ein Mensch glücklich?* gibt es, vereinfacht gesagt, zwei Kategorien von Antworten. Die eine geht davon aus, daß jemand glücklich wird, der/die sich selbst verwirklichen kann. Die andere läßt sich etwa so formulieren: Der Mensch wird dann glücklich, wenn er sich möglichst dem annähert, wie er sein soll. Diese Antworten stellen keineswegs völlige Gegensätze dar. Ich habe hier nicht die Absicht, mich in dem Einerseits (einerseits gibt es keine Selbstverwirklichung ohne Rücksicht auf eigene und gesellschaftliche Vor-Gegebenheiten) und Andererseits (andererseits ist die bloße Angleichung an ein vorgegebenes Ideal Selbstentfremdung, und diese kann nicht glücklich machen) zu verheddern. Ich beschränke mich auf die Feststellung, daß man verschiedener Meinung darüber sein kann, welche der beiden Antworten die richtigere ist, aber nicht darüber, daß sie beide um so falscher werden, je absoluter sie gesetzt werden.

Bis weit in die 60er Jahre hinein galt die zweite Antwort ziemlich absolut. Es gab ein starres Schema, wie *die Frau*, wie *der Mann* seien. Das war eigentlich keine beschreibende, sondern eine wertende (letztlich moralische) Kategorie, was auch dadurch deutlich wird, daß ständig von der *wahren Frau*, dem *gesunden Mann*, der *echten Frau*, dem *normalen Mann* geredet wurde. Mit der Konsequenz, daß jede Abweichung *ungesund, falsch, unnatürlich* war. Wer anders war, mußte sich anstrengen oder schämen.

So weit, so schlecht. Weil aber das Wertende ihrer *Beschreibung* von den *Botschaftern* nicht reflektiert und von den Empfängern nicht erkannt wurde, vermischten sich Soll-Zustand und Ist-Zustand, Beschreibung des *Idealen* und des *Normalen* untrennbar. Aus der Forderung: So sollen Frauen sein, wurde die Behauptung: So sind die Frauen. Die Folge war, daß Abweichungen vom *Vor*-bild nicht nur moralisch diskreditiert, sondern einfach nicht mehr wahrgenommen wurden. Das waren dann die berühmten Ausnahmen, die dazu da sind, die Regel zu bestätigen.

Das *Wesen der Geschlechter* wurde von den Männern festgelegt. (Dem widerspricht nicht, daß die wenigen Autorinnen, die es gab, das männliche Credo besonders gründlich nachbeteten.) Das Ergebnis war dementsprechend. Die Frauen bekamen alle Eigenschaften zugesprochen, die die Männer selbst nicht brauchen konnten, oder besser: glaubten, nicht brauchen zu können. »Container-Funktion« wird das heute teilweise genannt. Vernunft und Verstand waren positiv, ergo hatten es die Frauen mit Instinkt und Gefühl. Natürlich wurde nicht offen und nicht direkt gesagt, Frauen hätten bezüglich ihrer geistigen Ausstattung den schlechteren Teil abbekommen. So dumm war man(n) in der Regel nicht. Vielmehr wurde den Frauen Honig ums Maul geschmiert, wie schön sie doch mit ihrer »Instinktsicherheit« dem Manne zu Hilfe eilen könnten. Aber wenn die Frauen gerade weghörten, wurden die Aussagen darüber, was höherstehender und was geringwertiger ist, doch recht deutlich. Die Frauen, diese putzigen Wesen, bei denen »zwei mal zwei niemals vier« sei, wüßten gar nicht richtig, daß es eher den Männern zu verdanken sei, »daß sich der Mensch überhaupt an Geist orientiert«. Frauen sind eben doch ein bißchen weniger Mensch, sie stehen dem Tier noch etwas näher als der Mann, da beißt die Maus keinen Faden ab. Oder wie Lersch formulierte, dessen Besinnungsaufsatz von 1947 über das »Wesen der Geschlechter« von einer ganzen Generation irrtümlicherweise für eine wissenschaftliche Abhandlung gehalten wurde: Die Frau lebe in einer »geschlossenen«, der Mann in einer »offenen« Welt: »Man hat neuerdings den Unterschied zwischen Tier und Mensch auf die Formel gebracht, daß das Tier in eine streng ausgelesene Umwelt eingebaut sei ... während der Mensch schlechthin das weltoffene Wesen sei ... Die Rede von der Weltoffenheit des Menschen gilt aber in dieser zugespitzten Formulierung für den Mann in viel höherem Grade als für die Frau.« Bei ihr liege alles, was jenseits ihres geschlossenen Horizonts liege, »in einem ›kosmischen Nebel‹«, wie es Jung so glücklich formuliert habe.[1]

Im Nebel lag bei der Frau so manches. Am besten, man läßt es dabei. Gewinnt nämlich die Frau größeres Selbstbewußtsein, Energie und Autorität, so ist damit ein »Verlust an Fraulichkeit« verbunden, wußte ein Eheberater und mahnte: »Um jeden Preis muß die Frau Frau bleiben, auch wenn (!) sie ihre Persönlichkeit festigt und ihr Eigenbewußtsein verstärkt.«[2] Individualität – das ist für Frauen nur unpraktisch, denn das hindert sie nur an der Verwirklichung ihres Wesens. Sie haben – im Vergleich zum Mann – das »größere Mitgefühl« und die größere Neigung »zur identifizierenden Einfühlung«. Eins hängt mit dem andern zusammen, glaubten die Herren: Wer sich als Individuum mit eigenen Interessen und Gefühlen wahrnimmt, identifiziert sich womöglich nicht mehr so leicht mit anderen und versetzt sich vielleicht nicht mehr vierundzwanzig Stunden am Tag in sie hinein.

Damit sind wir bei einer weiteren Funktion, die die Frau zu erfüllen hat: Sie sollte nicht nur Container (oder weniger vornehm: Abfallkübel) für abgelegte Eigenschaften der Männer sein, sondern eben auch: zuständig für die Erfüllung männlicher Bedürfnisse. Aus dem männlichen Wunsch, ein Wesen zu haben, das nicht an sich, sondern an ihn denkt, wird die Behauptung, die Fähigkeit zur Identifikation gehöre *wesensmäßig* zur Frau. Weil sie sich ihrer selbst weniger bewußt sei, denke sie an andere. So fügt sich eins zum andern: Wegen fehlender Individualität identifiziert sich die Frau mit anderen, und weil sie sich mit anderen identifiziert, duldet und erduldet sie mehr; sie duldet und erduldet mehr, weil sie zum schmerzhaften Gebären geschaffen ist. Das Ganze kann auch von hinten nach vorn gelesen werden. In Zitatform: »Jede natürliche, innerlich gesunde Frau hat eine für unsere Gegenwart unentbehrliche Eigenschaft, nämlich Geduld . . . Geduld und Erdulden sind nur möglich, weil die Frau sich in einen anderen Menschen oder in eine Entwicklung ganz hineindenken kann.«[3] Im Dulden übertreffe sie den Mann bei weitem, schließlich stehe »die Geburt, jenes entscheidendste Erlebnis im Dasein der Frau, für das sie von der Natur bestimmt ist und auf das jede gesunde Frau hindrängt ... ganz unter dem Zeichen des Schmerzes ...«[4] Oder: »Man kann auch mit Recht behaupten, daß seelische Eigenschaften, besonders die selbstlose Hilfsbereitschaft und Opferwilligkeit, bei der Frau stärker ausgeprägt sind als beim Mann. Das hängt wieder unmittelbar mit den Fortpflanzungsaufgaben der Frau zusammen, die es nötig machen, für andere zu sorgen, und bedeutet eine geschlechtsspezifische Besonderheit der Frau ...«[5]

Das hat die Natur sehr weise eingerichtet mit der »angeborenen Opferfähigkeit« der Frau und ihrem »Virtuosentum«, körperliche und seelische Leiden zu ertragen. Der Politikwissenschaftler bringt es auf den Punkt: »Ja, wir Männer, Baumeister unserer männlichen Welt, brauchen euch Mädchen und Frauen. Wir brauchen euch dringend. Aber nicht so sehr als Trägerinnen des Faktors Arbeit (gemeint: bezahlte Berufsarbeit), denn als Spenderinnen von Lebensglück.«[6]

Die Männer brauchen die Frauen! Wenn Frauen hören, daß sie gebraucht werden, gibt es für sie kein Halten. Das entspricht ihrem Wesen.

1 Philipp Lersch, Vom Wesen der Geschlechter, München 1947, S. 60 f.
2 Pierre Dufoyer, Ehen im Alltag – Die Ehekrise und ihre Überwindung, Luzern 1954, S. 266
3 Anton Christian Hofmann und Dietrich Kersten, Frauen zwischen Familie und Fabrik. Die Doppelbelastung der Frau durch Haushalt und Beruf, Verlag J. Pfeiffer München 1958, S. 95
4 Philipp Lersch, a.a.O., S. 26
5 Heinrich Martius, Das kleine Frauenbuch, Georg Thieme Verlag Stuttgart [3]1963, S. 19
6 Wilfrid Schreiber, Buchbesprechungen, in: FamRZ 1958 (5. Jg.), S. 392

# Wesen des Mannes

»I. Normalhaltung der Frau: Die Frau liegt auf dem Rücken und hat den Körper des Mannes über sich. Diese Stellung vermittelt das Gefühl leibseelischer Verbundenheit am natürlichsten ... Sie ist daher am geeignetsten für die wahrhaft liebevolle, leibseelische Vereinigung. Der Wunsch des Mannes zu unterwerfen und der Wunsch der Frau sich hinzugeben, werden zutiefst befriedigt.«

*Dr. med. L. Garat, 1954**

Daß der Mann obenauf ist, stellt nach damaliger Ansicht keineswegs nur in der Sexualität den Normalzustand dar. Aber das ist nur die eine Seite. Das Bild, das die Männer von sich selbst entwarfen (und dem sie dann unterworfen waren), ist ein gespaltenes. Auf der einen Seite gleicht der Mann Jung-Siegfried, der den Drachen tötet und von Heldentat zu Heldentat schreitet. Andererseits ist er leicht vertrottelt und in hohem Maße hilfsbedürftig. Beide Seiten gehören zu dem selbstgefertigten Wunsch-Bild. Die Wünsche gehen lediglich in zwei verschiedene Richtungen. Die eine ist die narzißtische. Zu ihr gehören Vorstellungen wie: Der Mann als der Überlegene, Weltoffene, der Eroberer, der Denker, der Systematiker, der Erfinder, der Kämpfer, der Bezwinger. Aber nicht vom Narzißmus allein lebt der Mensch, sondern er hat auch regressive Wunschträume. In denen wird man gepflegt, gehätschelt, versorgt, verwöhnt, da wird einem die Verantwortung abgenommen, und eine gütige Fee richtet alles aufs beste.

Ich will das mit zwei kurzen Zitaten beleuchten, beide aus

* L. Garat, Der Geschlechtsakt, in: H. Giese und A. Willy (Hg.), Mensch – Geschlecht – Gesellschaft. Das Geschlechtsleben unserer Zeit gemeinverständlich dargestellt, Frankfurt/M., 1954, 393–398, 395

dem Jahr 1965, das eine aus einer theologischen Abhandlung, das zweite aus einem Benimmbuch: »... es scheint, als wäre ... die Fähigkeit zu äußerstem Alleinsein für immer ein königliches Merkmal des Manneswesens geblieben. Ganz anders das Frauenwesen ... es gibt kaum etwas Verloreneres, Widersinnigeres zu denken als eine Frau ... auf sich allein gestellt.«[1] Das andere Zitat lautet: »Ein Mann mit schmutzigem Hemd ist ohne die Wirtin oder die Adresse der nächstgelegenen Wäscherei hilflos. Eine Frau dagegen vermag ... spielend für sich selbst zu sorgen.«[2] Hier haben wir gleichzeitig die komplementäre Rolle, die der Frau zugedacht ist. Die Botschaft lautet im einen Fall: Der Mann kann allein sein – die Frau nicht. Im anderen: Die Frau kann allein sein – der Mann nicht. Dies ist kein Widerspruch, mindestens nicht in der Phantasie (und was ist *das Wesen der Geschlechter* anderes als ein Phantasiegebilde). Solange es um lonesome-hero-Sehnsüchte geht, ist der Mann der Größte. Geht es um die Niederungen des Alltags, ertönt ein Ruf, der sich unschwer als *Mama, komm!* entschlüsseln läßt. Da ist einerseits jeder Mann ein kleiner Generaldirektor, der den Überblick besitzt und dessen unbeirrbar auf das *große Ziel* gerichteter Blick von den Frauen nie begriffen wird. (Aber bleiben nicht alle Großen unverstanden?) Andererseits wird *der Mann*, sobald er zu Hause den Mantel ausgezogen hat, zum Pflegefall. Ein hübsches Beispiel solch regressiver Wunschvorstellung fand ich bei Joachim Bodamer. Er behandelte die Frage der männlichen Hobbys (wobei er ausdrücklich betont, Frauen bräuchten keins: »Leicht zu sehen, daß der Frau ihre Lebensaufgabe zu Steckenpferden nur wenig oder gar keinen Raum läßt, sie bedarf ihrer nicht, um zu sich selbst zu kommen.«) und empfiehlt dabei weibliche Oberaufsicht: »Die Ehefrau wird also sich des Hobbys ihres Mannes so annehmen, als wäre es ... eines ihrer gemeinsamen Kinder. Schon aus Klugheit, um es nämlich mit sanfter, aber unnachgiebiger Hand in den nötigen finanziellen oder räumlichen Grenzen halten zu können. Denn da der Mann immer ... dazu neigt, alle Grenzen zu überschreiten, so kann auch das

Hobby, wenn es weiblich unbeaufsichtigt bleibt, ins Maßlose wuchern.«[3] Das heißt: Es ist Sache der Frau, den Überblick zu behalten und Grenzen zu ziehen. Sie muß sagen: *Nein, die Duplo-Steine werden jetzt nicht mehr geholt, jetzt ist es Zeit, ins Bett zu gehen.*

Die Verantwortung trägt sie vor allem in Sachen Moral (davon, daß es immer die *Frau* ist, der es obliege, den Ton »in anständigen Grenzen zu halten«, hörten wir schon). Gerade in der Sexualität wird *das Wesen der Geschlechter* so konstruiert, daß ihm die Lust und ihr die Last zugeteilt ist. Einerseits darf er sich durch die Bank als der Potentere, Aktivere, Erfahrenere (wie schafft er das eigentlich, wenn die Frauen jungfräulich in die Ehe gehen sollen?) fühlen. Was auch heißt, daß er aufgrund seiner angeblich größeren Triebhaftigkeit zur Promiskuität neigt. Diese größere Triebhaftigkeit paßt zwar nicht ganz in das Bild vom selbstbeherrschten, vernunftbetonten Mann und der emotionalen, instinktabhängigen Frau. Eigentlich müßte sie es sein, die eher zu triebhaften Durchbrüchen neigt, ist sie doch längst nicht so durchgeistigt wie er. Aber hier geht es nicht um Logik, sondern um die Frage, wie man sich die Rosinen aus dem Kuchen zuschanzt. Es wurde den Männern zwar angesonnen, ihre promisken Neigungen möglichst zu zügeln, aber andererseits bekamen die Frauen deutlich signalisiert, sie hätten für eventuelle *Ausrutscher* Verständnis zu haben. Erleichtert wurde ihnen das Verständnis dadurch, daß es vom Manne hieß, er könne Sex und Liebe prächtig trennen. Darum: »Versteht es die Frau, die Fehltritte, die Fehler ihres Gatten ohne viel Aufhebens zu übergehen, so wird er mit Sicherheit zu ihr zurückkehren ... Es ist eine Tatsache, daß der Mann Sexualität und Gefühl besser voneinander scheiden kann als die Frau ... daß er fähig ist, seine angetraute Frau treu zu lieben, obwohl er sie manchesmal mit einer anderen vergißt.«[4]

Wie die Moral wurde auch die Religion und nicht zuletzt die Rettung der Menschheit zur Frauensache erklärt. Die Frauen waren und sind blöd genug, sich den Schuh geschmeichelt anzuziehen. Zuletzt fiel ein nicht unbeträchtlicher Teil der Frauenbewegung auf diesen Schmus herein und erklärte Arm in Arm mit den Alt-Chauvis die Frauen zum besseren Teil der Menschheit. Die Behauptung, Frauen seien die besseren Menschen, ist ein alter und mitnichten kleidsamer Hut: »Jeder Mann erwartet doch, daß sie die Bessere sei, in der Ehe sowohl als in der Familie und im Leben überhaupt.« Das konnte frau schon 1951 lesen. Sie wurde zur »Menschheitserzieherin« hochstilisiert. Nur durch die Frau könne der Mann erlöst werden, hieß es, und von ihr wurde verlangt, »eine Sitte« zu schaffen, »die die Beziehungen der Geschlechter neu ordnet und unsere seelische und erotische Verwahrlosung und Verwilderung überwindet«.[5] Als Trümmerfrauen waren wir schon immer gut.

Obwohl das jetzt ein ausgesprochen schöner Schlußsatz wäre, kann ich der Versuchung nicht widerstehen, ein paar Beispiele anzuführen, wie *das Wesen der Geschlechter* begründet wurde. Wie *wissenschaftliches Denken* derer aussieht, die es als ihre Domäne reklamiert haben, ist eigentlich ein eigenes Kapitel wert. Aber machen wir's kurz. Ich beschränke mich auf die äußerst beliebte Ableitung *des Wesens* aus Körpermerkmalen. Eigentlich genügte es nach damaliger Auffassung, nur die Augen aufzumachen, dann erschloß sich einem alles von selbst: Hat nicht der Mann mehr Muskeln und kräftigere Knochen? Das beweist doch unwiderlegbar, daß der Mann »von der Natur mehr als die Frau« auf die Überwindung von Widerständen, auf Auseinandersetzung mit der Umwelt angelegt ist. Der Mann hat längere Arme und Beine. Damit und weil er den Raum beherrsche (kausales und finales Folgern gingen munter durcheinander). Sein Unterkiefer ist ausgeprägter – weil der Kampf sein Metier ist. Männer haben häufiger vertikale Stirnfalten als Frauen – na, was sagt uns das? Auf alle Fälle nicht, daß er mehr zur Kurzsichtigkeit neigt! Der Mann preßt die Lippen fest aufeinander, die Frau nicht: Er handelt, sie redet. Männer reden »konsonantisch« (siehe Kasernenhof), Frauen »vokalisch«, woraus sich zwingend ergibt, daß Männer willens- und Frauen gefühlsbetont seien.

Lediglich das größere Gewicht des männlichen Gehirns wird nirgends mehr ausdrücklich als Pluspunkt vermerkt. Vielleicht spürten die Männer instinktiv, daß das Zeitalter der Micro-Chips nahte, in dem small beautiful ist. Aber eigentlich ist Instinkt Sache der Frau. Na, egal.

1 Joseph Höffner, a.a.O., S. 17
2 Karlheinz Graudenz und Erica Pappritz, a.a.O., S. 90
3 Joachim Bodamer, a.a.O., S. 96 und 101
4 Jolande Jacobi, a.a.O., S. 214
5 Joachim Bodamer, a.a.O., S. 122

# Zeitgeist

»Es geht nicht um die Frage, ob die Frau das ›Recht‹ habe, einen Beruf auszuüben – was selbstverständlich zu bejahen wäre –, sondern darum, ob es überhaupt möglich ist, als Gattin und Mutter auch noch eine tüchtige Berufsfrau zu sein. Diese Frage wird, von Ausnahmen abgesehen, zu verneinen sein. Die Frau, die ihren Beruf mehr liebt als die Familie, braucht nicht zu heiraten. Die Verbindung von beiden ist hingegen ein Kompromiß, hinter dem sich oft eine mehr oder weniger unbewußte Ablehnung des Mannes oder Nichtannahme der eigenen Weiblichkeit verstecken ... Nicht weil der Mann mehr Rechte beansprucht, ›darf‹ er seinen Beruf weiterführen und die Frau nicht; sondern weil es die göttliche Bestimmung des Mannes ist, auf ein Werk und auf Sachen bezogen zu sein, während es die der Frau ist, Menschen zu verstehen und zu behandeln, müssen die Rollen so verteilt werden.«

*Dr. med. Theodor Bovet, 1948**

»Wenn man den Beruf in dieser Weise als Zusammenarbeit von Mann und Frau versteht, dann leuchtet es ohne weiteres ein, daß der selbständige Beruf der Frau im allgemeinen keine befriedigende Lösung ist. Er kann ausnahmsweise und vorübergehend eine wirtschaftliche Notwendigkeit sein, er kann ab und zu für die kinderlose Frau eines allzu beschäftigten Mannes einen psychologischen Ausweg bedeuten; viel häufiger ist indessen der Beruf der Frau eine Flucht aus der Familie, die Kompensation eines Minderwertigkeitsgefühles,

* Theodor Bovet, Die Ehe. Ihre Krise und Neuwerdung. Ein Handbuch für Eheleute und ihre Berater, Tübingen 1948, 79

eine unbewußte Rache am Mann, die bedeutet: ›Wie du mir, so ich dir.‹ Dabei kann dieser Kompromiß von beiden gewünscht werden, weil das Einkommen erhöht wird und die Frau ihre Befriedigung hat. Es wird aber dadurch nicht besser, sowenig wie gegenseitige Erlaubnis zum Ehebruch diesen moralisch macht.«

*Dr. med. Theodor Bovet, 1956**

»Natürlich ist der Hausfrau- und Mutterberuf nach wie vor ein vollwertiger und sehr anspruchsvoller Beruf. Wer ihn ausfüllt, braucht in der Regel keinen Beruf außerhalb des Hauses, um sich selbst zu bestätigen. Andererseits gibt es aber auch Frauen, die von der Hausarbeit nicht ausgelastet werden oder die darunter leiden, daß ihre in jahrelanger Ausbildung erworbenen Fähigkeiten brachliegen, so daß sie sich noch zu einer anderen Tätigkeit berufen fühlen ... Wir können es uns einfach nicht mehr leisten, daß das ganze Leben nur von Männern geplant und geleitet wird und daß nur hier und da aus Verlegenheit ein Mann durch eine Frau ersetzt wird. Vielmehr ist es notwendig, daß Männer und Frauen auf allen Stufen des wirtschaftlichen – und politischen Lebens miteinander, partnerschaftlich, in gegenseitiger Ergänzung arbeiten, gerade auch im Planen und in der Gesetzgebung.«

*Dr. med. Theodor Bovet, 1974***

Bovet ist ein Glücksfall. Sein Ehehandbuch (Gesamtauflage knapp 800000) erschien in drei verschiedenen Fassungen, nämlich 1948, 1956 und 1972. Es ist eine spannende Sache, sie zu vergleichen. Manche Formulierungen ziehen sich von der ersten bis zur letzten Ausgabe durch, andere werden abge-

* Theodor Bovet, Die Ehe. Das Geheimnis ist groß. Ein Handbuch für Eheleute und ihre Berater, Tübingen 1956, 116
** Theodor Bovet, Die Ehe, Ein Handbuch für Eheleute, Tübingen 1974[7] (erste Auflage der dritten Fassung: 1972), 111–113

schwächt und relativiert, vieles wird ganz weggelassen und durch anderes ersetzt, so daß – wie im obigen Fall – in der dritten Ausgabe ziemlich das genaue Gegenteil von dem steht, was ursprünglich behauptet wurde.

Auf diese Weise verdanken wir Bovet die Möglichkeit, die Entwicklung des *Zeitgeistes* über ein Vierteljahrhundert nachzuvollziehen. Als Bovet anfing zu schreiben, zählte er zu den Progressiven seiner Zeit. Angefeindet wegen seiner *Liberalität* von manchen, hochgelobt von vielen. »Das Buch erlöst aus viel notvoller Verkrampfung und will helfen zu beglückender Freiheit und Innerlichkeit«, schrieb ein Rezensent über die Ausgabe von 1956, und meinte es ernst. 1972 war Bovet dann im Vergleich zu anderen Autoren einer der gemäßigten Konservativen. Das heißt, seine persönliche Entwicklung war gemächlicher als die des *Zeitgeistes*. Trotzdem liegen Welten zwischen den Standpunkten, die er im Verlauf der Zeit vertrat.

Als ich eines Abends bei der Lektüre der dritten Fassung des Ehehandbuches meinen Mann fragte: »Was glaubst du, wie Bovet 1972 das Kapitel überschrieb, das in der Ausgabe 1956 ›Hierarchie‹ hieß?«, schaute er noch nicht mal von der Zeitung hoch, sondern sagte schlicht: »Partnerschaft«. So war es in der Tat. »Nur die unerwachsene Frau sträubt sich gegen die ›Unterordnung‹, weil sie den tiefen polaren Unterschied der Geschlechter noch nicht erfaßt hat. Sie weiß noch nicht, daß sie gerade nur dann ganz sie selber sein kann, wenn sie das Herz der Gemeinschaft ist, und das kann sie nur, wenn der Mann deren Haupt darstellt. Wiederum kommt es hier nicht auf irgendein vermeintliches ›Recht‹ an, sondern darauf, daß Mann und Frau je die Rolle spielen, für die sie seit Anbeginn geschaffen sind und in der allein sie sich auch glücklich fühlen können. Ein von sentimentalen Männern und männlich denkenden Frauen ersonnener lebensfremder und abstrakter ›Feminismus‹ hat hier viele Begriffe verwirrt und Unheil gestiftet.«[1] So Bovet 1956. Eineinhalb Jahrzehnte später dagegen plädiert er für die Anerkennung des *Weiblichen* im Mann und des *Männlichen* in der Frau: »Völlig anders wird die Beziehung, wenn der Mann nicht nur das Weibliche seiner Frau liebt, sondern auch ihre männlichen Züge wahrnimmt, annimmt, schätzt und liebt. Dadurch fühlt sich diese Frau gerade auch in ihrer Aktivität und Aggressivität angenommen und bejaht ... Ebenso ergeht es dem Mann, wenn seine Frau nicht nur seine Männlichkeit, sondern auch seine weiblichen Züge aufdeckt, bejaht und liebt.«[2] Darüber hinaus macht Bovet sich nun auch für eine neue Ordnung in der Ehe stark: »Mann und Frau begegnen einander als mündige Menschen, im Gegensatz zur alten Ordnung, bei der der Mann und Vater autoritär herrschte.«[3] Es ist bezeichnend, daß sich auch nicht der Hauch eines Hinweises findet, daß Bovet selbst diese »alte Ordnung« noch kurz zuvor selbst als die einzig seligmachende hingestellt hat.

Bei der Frage der Empfängnisverhütung ist sein Meinungsumschwung womöglich noch frappierender. 1948 heißt es: »Nur in Ausnahmefällen, wo Krankheit oder ungewöhnlicher Notstand vorliegt, werden die Eltern überhaupt Gott fragen, ob es immer noch sein Wille sei, ihnen weitere Kinder zu geben. Vielleicht werden sie dann die Antwort vernehmen, daß sie jetzt oder dauernd auf Kinder zu verzichten haben.«[4] Also nicht einmal: Sie dürfen auf weitere Kinder verzichten, sondern wenn es *Gottes Wille* ist, *müssen* sie Empfängnisverhütung betreiben. 1956 ist diese Position schon beträchtlich aufgeweicht: »Niemand kann uns diese Entscheidung abnehmen und die Verantwortung für uns tragen. Aber es wird im allgemeinen gut sein, sich in der Frage der Geburtenregelung mit einem vertrauenswürdigen Dritten zu beraten, um sowohl dem bequemen Egoismus als dem ängstlichen Skrupulantentum besser zu entgehen ... Nirgends handelt es sich um eine absolute, willkürliche Freiheit, sondern um eine Freiheit in der Ordnung Gottes, um die Freiheit des Gehorsams.«[5] Ganz anders 1972: Der Grund für kleinere Familien liege nicht darin, daß die Menschen heute »egoistischer« oder »genußsüchtiger« als früher seien, »sondern weil sich die biologischen, psychischen und gesellschaftlichen Bedingungen tiefgreifend verändert haben ... Man mag es bedauern oder nicht, doch die zahlreiche Nachkommenschaft hat heute nicht mehr die gleiche ideologische (!) Bedeutung wie in alttestamentlicher Zeit ... Alle diese Gründe machen heute, vor allem in den Entwicklungsländern, eine angemessene und verantwortungsbewußte Regelung der Empfängnis zur unumgänglichen Notwendigkeit.«[6]

Von Gott ist keine Rede mehr, genausowenig von den divergierenden evangelischen und katholischen Standpunkten in dieser Frage, die in den vorausgegangenen Fassungen als die einzig gesellschaftlich relevanten wiedergegeben wurden. Lapidar heißt es nun, auf die »theologische Diskussion« könne man nicht eingehen. Ein Vierteljahrhundert zuvor hatte der Protestant Bovet sie so wichtig gefunden, daß er zwar die totale Ablehnung empfängnisverhütender Mittel durch die katholische Kirche für Protestanten als nicht einleuchtend und unlogisch beschrieb, aber trotzdem den Katholiken empfahl, »sich strikt an diese Vorschrift zu halten, denn es ist vor allem wichtig, daß sie mit ihrer Kirche im reinen sind«.[7]

Genug der Zitate, um plausibel zu machen, worauf es mir ankommt. Denn das ist mehr, als lediglich die Wandlungsfähigkeit eines einzelnen Autors zu demonstrieren. Fangen wir beim letzten Zitat an: Dieser uns heute befremdliche (wenngleich nach wie vor befolgte) Rat, die Mitglieder einer gesellschaftlichen Gruppe hätten sich das selbständige Denken und Handeln zu verkneifen, weil nur Linientreue glücklich mache, ist eine damals vorherrschende Denkfigur. Individualität war kein Wert, Individualismus so gut wie ein Schimpfwort. Man war ein guter Katholik oder Protestant, ein guter Schweizer oder Deutscher, ein guter Vater oder eine gute Mutter, ein guter Mann oder eine gute Frau. Wenn eine Gesellschaft so organisiert ist, daß ihr Funktionieren von der folgsamen Rollenübernahme ihrer Glieder abhängt, dann sieht sie in der Individualität mit Recht eine Gefahr. Garant der Folgsamkeit der Glieder und damit Garant dieser Gesellschaftsordnung war *Gott.* Er stand an der Spitze der Pyramide und bestimmte genau den Platz, den ein jeder einzunehmen hatte, die einen etwas weiter oben, die andern ganz unten. Weil der Rekurs auf *Gott* bei allem und jedem üblich war, mußte eine sich verändernde Gesellschaft zwangsläufig eine säkularere Gesellschaft werden. *Gott* hatte sich als Kollaborateur des alten Regimes diskreditiert.

Sicher gibt es ebenso ehrenwerte wie rührende Versuche, *Gott* mit den derzeit aktuellen Werten zu verbinden (z. B. mit Freiheit statt mit Gehorsam, mit Solidarität statt Unterordnung), aber mir will scheinen, daß dies nur die Rede von der *Chiffre Gott* bestätigt oder den etwas älteren Satz Feuerbachs, daß der Mensch Gott nach seinem Bilde schuf.

Wahrscheinlicher, als daß der Begriff *Gott* sich erfolgreich mit neuen Inhalten füllen läßt, ist meiner Meinung nach die Entwicklung, die Bovet vorzeichnet: Während er (ich habe es nachgezählt!) 1956 noch auf jeder fünften Seite von Gott spricht (1948 noch öfter), tat er es 1972 nur noch auf jeder fünfzehnten Seite. Statt Gott zitierte er nun – ganz auf der Höhe des Zeitgeistes und heute schon wieder out – Karl Marx. Und während er 1956 sein Buch schließt: »In der Ehe haben wir miteinander Gott gesucht; in der Auferstehung werden wir miteinander von ihm erkannt werden . . .«[8], ist sein Schlußwort 1972 ganz diesseitig: »Die Beständigkeit der Liebenden ist die Hoffnung der Welt.«[9]

Ruckblicke sind Zeitverschwendung, wenn sie nicht für die Gegenwart lehrreich sind. Die erste Lehre dieses Rückblicks auf den *Zeitgeist*, der vor wenigen Jahrzehnten wehte, ist: Auch wir werden älter. Ich staune immer, wenn jemand mit der Attitüde des *Wie herrlich weit haben wir's doch gebracht!* stolz vom *heutigen Sicherheitsstandard der Atomreaktoren*, von den *aktuellsten Erkenntnissen der Wissenschaft* usw. spricht, nicht bedenkend, daß die nächste Generation über unsere Unzulänglichkeit und unseren Leichtsinn die Hände über dem Kopf zusammenschlagen und sich über heutige Eheberater köstlich amüsieren wird.

Warum um alles in der Welt klammern wir uns dennoch so

unverdrossen an die Aussagen der Autoritäten? Das läßt sich nicht mit unserer normalen Vergeßlichkeit erklären. Wir weigern uns, aus Erfahrung klug zu werden, weil wir – so glaube ich – eine tiefe Sehnsucht nach Unfehlbarkeit haben. Unser Realitätssinn ist – wenigstens in der Regel – so weit intakt, daß wir nicht an unsere eigene Unfehlbarkeit glauben. Aber der Wunsch, da möge es doch bitteschön irgend jemanden geben, der uns bei der Hand nehmen kann, der uns die richtige, die ewig gültige Antwort auf unsere Fragen gibt, der den Überblick in dieser verwirrenden Welt behält: dieser Wunsch bleibt. Wer Unsicherheit nicht aushalten will oder kann, vertraut denen, die Sicherheit versprechen. Damit bereiten wir den Boden, auf dem die Gurus aller Couleur nach wie vor prächtig gedeihen.

Goethes Wort vom Zeitgeist als der *Herren eigner Geist* gehört ergänzt durch sein anderes »Du glaubst zu schieben und wirst geschoben«. Für den Beleg, daß die Trendsetter selbst dem Trend folgen, mußte der arme Bovet herhalten. Aber er verdient nur das begrenzte Mitleid, das jenen zusteht, die sich als Vor-Münder aufspielen und meist nur Nach-Beter sind, statt die Menschen zu lehren, daß nur eines gescheit macht: selber denken.

1 Theodor Bovet, Die Ehe, 1956, a.a.O., S. 128
2 Theodor Bovet, Die Ehe, 1974, a.a.O., S. 103
3 Theodor Bovet, Die Ehe, 1974, a.a.O., S. 101
4 Theodor Bovet, Die Ehe, 1948, a.a.O., S. 168
5 Theodor Bovet, Die Ehe, 1956, a.a.O., S. 95
6 Theodor Bovet, Die Ehe, 1974, a.a.O., S. 84 f.
7 Theodor Bovet, Die Ehe, 1948, a.a.O., S. 161
8 Theodor Bovet, Die Ehe, 1956, a.a.O., S. 156
9 Theodor Bovet, Die Ehe, 1974, a.a.O., S. 154

Alle Texte von Theodor Bovet mit freundlicher Genehmigung von Herrn Dr. med. Peter Bovet, Zürich.

# Zusammenhänge
# (auch als Nachwort zu lesen)

»Wo aber Gesetzesrecht versagt, muß Recht im Sinne des Natur- und Sittengesetzes das menschliche Zusammenleben unmittelbar ordnen. Die Struktur der natürlichen Ordnung von Ehe und Familie und ihre Bedürfnisse erschließen sich dem Richter ebenso klar wie unwandelbar aus dem Natur- und Sittengesetz, aus dem christlichen und religiösen Empfinden des Volkes.«

*Oberlandesgericht Celle, 1953**

Es trifft sich gut, daß *Zusammenhänge* mit Z anfängt und deshalb am Ende steht. So wird aus dem Stichwort auch gleich eine Zusammenfassung.

Der Zusammenhänge sind viele:

- zwischen der herrschenden Lehre und der Lehre der Herrschenden,
- zwischen der Predigt der Theologen, den Paragraphen der Juristen und den Erkenntnissen der Wissenschaftler,
- zwischen der Einstellung zur Autorität, der Einstellung zur Frau und der Einstellung zur Sexualitat,
- zwischen gestern und heute.

Die Bundesrepublik war in ihren Anfängen lediglich formal eine Demokratie und lediglich faktisch eine pluralistische Gesellschaft. Wenn ich sage *lediglich faktisch*, meine ich damit, daß nach wie vor so getan wurde, als bestünde ein umfassender Konsens in entscheidenden gesellschaftlichen Fragen. Das war mitnichten der Fall. Nur war es damals noch möglich, fehlende

* Urteil des Oberlandesgerichts Celle vom 19. 5. 1953, zitiert in: W. Hedemann, Die Nichtehelichen – Zur Reform des Unehelichenrechts, FamRZ 2, 1955, 226–231, 231

Linientreue zu ächten, daß jede Abweichlerin und jeder Abweichler sich hütete, etwas verlauten zu lassen, und alle infolgedessen den Eindruck hatten, sie stünden völlig allein. Dazu zwei kleine, aber typische Beispiele: Ein Benimmbuch aus dem Jahr 1965 greift das »heikle Thema« der »Bindung ohne Verbindung« auf und rät: ». . . wenn ihr euch mit einer Partnerin liiert, dann seid beide diskret. Es gibt Dinge, die nur die unmittelbar Beteiligten etwas angehen . . . Nicht alle halten für richtig, was euch selbstverständlich erscheint. Stoßt die anderen nicht vor den Kopf, auf daß sie euch nicht ablehnen. Seid diskret in Fragen, in denen man zumindest zweierlei Meinung sein kann. Gebt euch in der Umwelt so, wie es die Umwelt erwarten darf . . .« Man sollte also sich selbst, den Partner oder die Partnerin und die eigene Situation verleugnen, um niemanden zu schockieren. Es fehlte in dem Benimmbuch (wohlgemerkt!) in diesem Zusammenhang auch nicht der Appell: »Vergessen wir niemals, daß unsere abendländische Kultur auf dem Fundament des Christentums steht, einem Fundament, das unweigerlich untergraben wird, wenn eine Entwicklung wie die gegenwärtige im gleichen Maße fortschreitet.«[1]

Damit ist das Stichwort für das zweite Beispiel gegeben: 1954 äußerte Ex-Justizminister Dehler in der Parlamentsdebatte zum Gleichberechtigungsgesetz, es gehe nicht an, »den Gleichberechtigungsgrundsatz vom Standpunkt der religiösen und der kirchlichen Auffassung über das Wesen der Ehe zu ändern . . . ich meine, es wäre auch eine unerträgliche Ausweitung der Macht des Staates, wenn die sakramentale Bindung der Ehe durch weltliches Gesetz sanktioniert würde.« (Ich meinte zwar eher, solches wäre eine unerträgliche Ausweitung kirchlicher Macht, aber sei's drum.) Prompt kam der Zwischenruf von der CDU: »Und wenn das Volk es verlangt?«[2] Das *Volk* verlangte natürlich nichts dergleichen.

Fast genau zu der Zeit fand nämlich eine Emnid-Untersuchung über Familie und Ehe in Deutschland statt mit dem Ergebnis: »Christliche Anschauung als Grundbedingung der Ehe, christliches Familienleben als Sinn der Familie wird nur von einem sehr geringen Prozentsatz als der wesentlichste Punkt genannt (jeweils 2%) ... Die Ergebnisse aller gestellten Fragen führen ... zu dem sehr ernsten Zweifel daran, ob das christliche Element bei vielen Familien heute als die entscheidende Voraussetzung für die Ehe oder als wichtigster Sinngehalt der Familie gesehen wird.«[3] Die Gesellschaft hatte sich längst aufgemacht zu neuen Ufern, aber keiner durfte es merken.

Die Bundesrepublik war nur formal demokratisch, sagte ich. Tatsächlich handelte es sich um ein patriarchales System, dessen zentrale Begriffe nach wie vor *Gehorsam, Autorität, Unterordnung* waren. Die Verantwortungsträger (handle es sich nun um den Bundeskanzler oder den Ehemann) hatten sich vor Gott, dem Sittengesetz oder irgendwo sonst höheren Orts zu verantworten, aber nicht vor ihren Wählern, ihrer Ehefrau etc. Im Grunde – so meine ich – war dieser Staat ständisch-feudal. Die starre Festlegung dessen, was Männer dürfen und was Frauen müssen, war nicht geringer als ein paar Jahrzehnte zuvor die Unterschiede zwischen den Rechten und Pflichten von Adligen und Bürgerlichen. Individuelle Faktoren waren unwichtig; wichtig war, ob jemand dem Stand *Frau* oder *Mann* angehörte.

Mir fallen zwei Beispiele aus meiner Jugend ein, die für das damalige *ständische Denken* bezeichnend sind: Meine mittelständischen Eltern verboten mir strikt, im »Konsum« einzukaufen, weil dies ein Gewerkschaftsunternehmen war. *Man* kaufte da nicht. Das taten die Arbeiterkinder.

Das andere Beispiel: Ich mußte fast erwachsen werden, um dahinterzukommen, daß Wechselwähler keine unanständigen Leute waren. Mir war (eher implizit als ausdrücklich) vermittelt worden, daß »man« seiner Lebtag der einmal gewählten Partei die Treue halte. Wobei die einmal gewählte Partei die war, die schon der Vater und womöglich der Großvater gewählt hatte (daß die Mütter und Großmütter dieselbe Partei wählten, verstand sich ohnedies von selbst). Als ich einmal über das Problem nachdachte, wie überhaupt je ein Regierungswechsel möglich sei, befand ich, soweit würde es nur kommen (was Gott verhüten möge), wenn die Oppositionellen mehr Kinder kriegten als die Anhänger der Regierungspartei. Vielleicht waren andere Leute gescheiter als ich, aber so ganz untypisch war mein Denken bestimmt nicht.

Das heißt: Die Gruppe, der man angehörte, war für eine Entscheidung viel bedeutsamer als die individuelle Meinung. Mir wurde berichtet – ob's stimmt, weiß ich nicht –, daß es in manchen Flüchtlingslagern nach dem Krieg konfessionell getrennte Klos gegeben hätte. Fein säuberlich konfessionell getrennte Schulen, in denen die Kinder zusätzlich fein säuberlich in Mädchen- und Bubenklassen aufgeteilt wurden, gab es jedenfalls. Solche Dinge prägen: Gruppenunterschiede werden wichtiger genommen als individuelle Unterschiede, vor allem aber wichtiger als individuelle Gemeinsamkeiten. Demokratie ist aber nur dort wirklich möglich, wo es Durchlässigkeit gibt. Durchlässigkeit sowohl zwischen *oben* und *unten* als auch zwischen den verschiedensten gesellschaftlichen Gruppen. Anders formuliert: Zwischen der Qualität einer Demokratie und dem Wert, der der Individualität des einzelnen beigemessen wird, besteht ein unauflösbarer Zusammenhang. Je mehr eine Person über den eigenen Standort und Standpunkt selbst bestimmen kann, um so reflektierter fallen Entscheidungen aus. Je weniger Selbst-Bestimmung aufgrund einer *Man-Moral* möglich ist, um so mehr werden Entscheidungen und Verhaltensweisen von außen diktiert. *Man-Moral*, das ist eine Einstellung, für die der Satz *Das tut man nicht* genauso kennzeichnend ist wie *Das tun doch alle.*

Es heißt häufig, wenn man *alles* der Entscheidung der einzelnen überlasse, dann würden alle nur die (moralisch) bequemste Lösung wählen und sich lediglich an ihren egoistischen Zielen orientieren. Wer so denkt, muß sich fragen lassen, was ihn derart von der Schlechtigkeit der Menschen überzeugt sein läßt. Es ist heute viel die Rede von »Beliebigkeit«. Damit wird gemeint: Ohne eine transzendent begründete verbindliche Moral (je transzendenter und verbindlicher um so besser) würde sich niemand mehr an nichts halten, die Leute brächten die Oma um die Ecke, um an den Sparstrumpf zu kommen, wechselten ihre Geschlechtspartner wie die Unterwäsche und verlören jedes Gefühl für Pflicht und Solidarität. Aber nicht nur die einzelnen Menschen, nein der ganze Staat entgleisten ohne eine gehörige Portion Transzendenz. Neulich meinte ein Landtagsabgeordneter in Thüringen, der Bezug auf Gott gehöre in die Verfassung, weil das vor Staatswillkür schütze. Ach Gott! kann ich da nur sagen.

Es muß keineswegs alles *letztlich* oder transzendent begründet sein, um nicht der Willkür der einzelnen oder des Staates anheimzufallen. Daß zu einer Fußballmannschaft elf Spieler gehören, ist eine höchst beliebige und keineswegs transzendent zu begründende Regel, und trotzdem halten sich alle dran. Als einmal vor vielen Jahren eine Dorfmannschaft aus durchsichtigen Gründen einen zwölften Mann aufs Spielfeld schmuggelte, war das vielen Zeitungen eine Meldung wert, so ungewöhnlich war der Fall. Umgekehrt hilft weder irischen Protestanten noch irischen Katholiken im Ernstfall das für beide gleichermaßen transzendent und letztlich begründete Gebot »Du sollst nicht töten«. Und für die bosnische Muslimin ist es genauso beliebig, ob sie von einem orthodoxen Serben oder von einem katholischen Kroaten vergewaltigt wird, wie es für einen orthodoxen Serben beliebig ist, ob er muslimischen Bosniern oder katholischen Kroaten in die Hände fällt. Da hilft keine Transzendenz, und die Tatsache, daß Worte wie *Nation, Vaterland, Volk* im ehemaligen Jugoslawien hoch im Kurs stehen, hat lediglich zu einem geführt: zum Krieg.

Ich bin nicht naiv. Ich weiß, daß die Sache mit der Moral und dem gesellschaftlichen Konsens unerhört schwierig ist. Genau deshalb meine ich: Sie darf nicht den Konservativen überlassen werden. Die *wertkonservativen* Patriarchen hatten viele Jahrhunderte Zeit, um zu demonstrieren, wie ihr System funktioniert. Kein Mensch, der seine fünf Sinne beisammen hat, kann es attraktiv finden, nicht einmal in der schon sehr abgeschwächten Form der fünfziger und sechziger Jahre. Damals war nichts besser. Die Gesellschaft in den ersten zwanzig Jahren der Bundesrepublik war um keinen Deut moralischer, sie war nicht gerechter und sie war nicht minder gewalttätig als die heutige. Ich bin in einer Zeit zum Kindergarten gegangen, in der es noch gang und gäbe war, unartige Kinder in die dunkle Besenkammer zu sperren. Ich bin zur Schule gegangen, als Tatzen und Ohrfeigen als angemessenes Erziehungsmittel galten, Demütigungen durch Lehrer waren alltäglich. Wer sich zu Hause darüber beschwerte, lief Gefahr, daß es noch mal was setzte. Eltern und Lehrer waren Krähen, die einander kein Auge aushackten, oder die Eltern hatten nicht die Courage, ihre Kinder zu schützen, und buckelten lieber. Selbst bei geplatzten Trommelfellen oder gebrochenem Arm als Folge pädagogischer Erziehungsmaßnahmen war keineswegs ausgemacht, daß sie den Staatsanwalt einschalteten. Wieviel Skandalöses wurde da vertuscht! Ein Thema für die Medien war diese Form der Aggression nie. Daß die Gewalt im Kindergarten anfängt und an den Schulen ein ernsthaftes Problem darstellt, beunruhigt auch mich. Nur: Das gab es schon immer. Gewalt ist nicht moralischer und weniger schlimm, wenn sie durch die Autorität ausgeübt wird.

Wenn die gesamte Unterdrückung, Grausamkeit, Boshaftigkeit und Gemeinheit vergangener Zeiten heute als *mißverstandene Interpretation der christlichen Botschaft*, als bedauerliche Übertreibung, als ausnahmsweise vorkommende Auswüchse, als nicht zum *Wesen* damaliger Ideologie gehörende Entgleisungen exkulpiert werden sollen, dann ist mir das selbst als Ausrede zu dürftig. Eine korrekte Analyse der Zusammenhänge ist es schon mal gar nicht.

Der Zusammenhang zwischen der herrschenden Gesellschaftsordnung und dem, was auf Kathedern und Kanzeln gelehrt und verkündet wird, besteht immer. Sicher handelt es sich dabei nicht um eine absolute Einbahnstraße: Religion und Wissenschaft können auch eine Gesellschaft verändern. Die

Zusammenhänge sind verwickelter, als daß es gelingen könnte, sie auch nur annähernd treffend in ein paar Sätzen zu beschreiben. In aller Regel aber passen sich Religion und Wissenschaft (von der Jurisprudenz ganz zu schweigen) mehr den Herrschenden an, als das umgekehrt der Fall wäre. Zu Kaisers Zeiten priesen die Pfarrer und Philosophen die Monarchie als beste Staatsform, im Kommunismus *bewies* Lyssenko, daß sich das Erbgut von Pflanzen durch eine Veränderung ihrer Umgebung verändern lasse, weil das ins marxistische System paßte, im Südafrika der Apartheid wurde die Gottgewolltheit der Rassentrennung gepredigt und als beste Lebensform für alle *bewiesen*. Genauso *bewies* in einem patriarchalen System *die Wissenschaft* die mangelnde Eignung der Frau für dies und das, predigten die Theologen von der gottgewollten *Hauptstellung des Mannes* und machten die Juristen die dazu passenden Paragraphen und Urteile.

Ich will jetzt dafür niemanden schelten. Bis zu einem gewissen Grad muß man sich wohl damit abfinden, daß die meisten Leute ihren Kopf eher zum Nicken als zum Denken benutzen.

Der zweite Zusammenhang wird – sofern das noch nötig sein sollte – durch das Eingangszitat verdeutlicht. Hier sprachen naive Richter aus, worauf sie rekurrierten. Naiv sind sie zu nennen, weil sie das »Natur- und Sittengesetz« für ebenso unwandelbar wie das christliche Volksempfinden hielten und zu allem Überfluß noch eine *natürliche* – das heißt eben: unveränderbare – Ordnung für die Familie annahmen. Daß sie auch von einer ebenso natürlich-unveränderbaren Ordnung des Staates ausgingen, darf man unterstellen, ohne ihnen Unrecht zu tun.

Das heißt: Die Juristen beziehen die Begründung für ihre Entscheidungen und Gesetze von den Theologen, die ihnen sagen, wie es sich mit dem Sittengesetz, dem ewigen, verhält. Die Theologen wiederum berufen sich einerseits auf die geltenden Gesetze und stützen sich andererseits auf das, was die Wissenschaft herausfindet und was so vorzüglich zur eigenen Meinung paßt. (»Die von der Psychologie herausgestellten Geschlechterdifferenzen scheinen in fast verblüffender Weise Widerspiegelungen dieser Offenbarungsaussage zu sein«[4], schrieb eine Theologin und meinte damit die sowohl von Theologen wie von Psychologen behauptete wesensmäßige Überlegenheit und Andersartigkeit des Mannes. Außer ihr braucht niemand über diesen Befund verblüfft zu sein.)

Die Wissenschaftler wiederum gehen sonntags in die Kirche und gehören werktags einer Partei an. Das heißt: Sie gehen mit ihrer ideologischen Überzeugung an die Arbeit. Wenn man Glück hat, reflektieren sie das. Aber wann hat man schon Glück?

Alle zusammen blicken dann auf *das Volk* und finden wundersam bestätigt, was ihnen ohnehin klar war: Mädchen spielen mit Puppen und wollen Hausfrau werden. Wenn die Autorität die Zügel nicht straff hält, gibt's Randale. Männer wollen Karriere machen, Frauen nicht. (Frauen würden »einfach« deshalb »in den meisten Berufen, Ämtern und Parlamenten in geringerer Zahl« auftauchen, weil »sie sich nicht so zahlreich darum bemühen oder die Tätigkeit der Hausfrau vorziehen«[5], weiß beispielsweise ein Verfassungsrechtler zu berichten, dessen Kollegen sich sinnreiche Gesetze ausdachten, die Frauen außen vor zu halten.)

Dann der Zusammenhang zwischen gestern und heute. Nehmen wir ein winziges Beispiel. In einer Umfrage der neunziger Jahre waren nach wie vor deutlich weniger Männer bereit, einem Umzug zuzustimmen, wenn ihre Frau dadurch einen besseren Arbeitsplatz bekommen würde, als umgekehrt Frauen bereit waren, ihren Männern zu folgen. Sicher hängt das mit vielen Dingen zusammen. Aber auch mit der über Jahrhunderte geltenden und bis 1953 gesetzlich festgelegten Regelung: Den gemeinsamen Wohnort bestimmt der Mann. Sobald derartige Zusammenhänge bewußt werden, ist die Voraussetzung (mehr auch nicht!) geschaffen, daran etwas zu ändern. Aber diese historischen Zusammenhänge sind Männern wie Frauen meist überhaupt nicht klar, sie glauben, unbeeinflußt zu denken und sich aus freien Stücken zu entscheiden.

Und noch ein Zusammenhang:

Die Kapitel dieses Buches scheinen ein buntes Sammelsurium und eine eher zufällige Zusammenstellung zu sein. Das ist aber nicht so: Die Einstellung zur Autorität hat zu tun mit der Einstellung zur Aufklärung, hat zu tun mit der Einstellung zur Sexualität, hat zu tun mit der Einstellung zur Rolle der Frau, hat zu tun mit der Einstellung zur Empfängnisverhütung, hat zu tun mit der Einstellung zur Homosexualität. Anders gesagt: Wer für einen *starken Staat* und für *mehr Autorität* ist, der hat – in aller Regel – auch was gegen eine liberale Sexualität, der findet, die Frau gehöre ins Haus, der macht sich stark gegen Empfängnisverhütung und Abtreibung (mit Ausnahme seines persönlichen völlig anders gelagerten Falles, versteht sich), und der meint schließlich, Homosexualität gehöre bestraft. Es gibt Dinge, die gehören einfach zusammen. Bei Personen und bei Institutionen. Nicht ganz so unausweichlich und gesetzmäßig, wie das Bellen zum Hund und das Miauen zur Katze gehört. Ein bißchen flexibler sind Menschen und menschliche Gesellschaften schon.

Und noch etwas hängt zusammen: Es wird von konservativer Seite viel darüber geklagt, die Frau würde heutzutage sexuell ausgebeutet, ihr Körper vermarktet, sie selbst zum bloßen sexuellen Objekt des Mannes erniedrigt. Da ist was Wahres dran. Aber der manchmal wirklich traurige Befund steht in einem Zusammenhang mit früheren Zeiten: Die Frau war definiert als Objekt des Mannes. Sie war definiert als seine ihm Gehorsam schuldende Hilfskraft, die ihn in »aufrichtiger Unterwerfung zu lieben« habe, wie Anfang der fünfziger Jahre ein renommierter Theologe sagte (und damit Papst Pius XII. zitierte). Ihr Geld, ihre Arbeitskraft gehörte dem Mann, in der Wirtschaft bekam sie *rechtmäßig* für gleiche Arbeit weniger Lohn. Ihr Zweck war das Kinderkriegen, und ihr *Wesen* wurde so definiert, daß es den männlichen Bedürfnissen zupaß kam. Ob ihre sexuelle Ausbeutung damals geringer war als heute, kann frau mit Fug und Recht bezweifeln, wenn sie liest, daß ihr die Theologen das Recht absprachen, sich ihrem Mann je zu verweigern, und die Juristen den Scheidungsgrund der ungerechtfertigten (was ungerechtfertigt war, bestimmten Männer) Verweigerung des ehelichen Beischlafs kannten. Wobei der Bundesgerichtshof 1965 feststellte: »Die Frau genügt ihren ehelichen Pflichten nicht schon damit, daß sie die Beiwohnung teilnahmslos geschehen läßt.« Einen vorgespielten Orgasmus durfte der Mann schon erwarten. (Die katholische Theologie machte es hier gnädiger ab: Ihr genügte teilnahmslose Pflichterfüllung. *Bügelbrett-Theorie* hieß das.)

Solange es keine gesetzliche Gleichberechtigung der Frau gab, so lange erschien ihre Ausbeutung und Unterwerfung, ihre Herabwürdigung zum Objekt Männern wie Frauen ebenso rechtens, wie sie zwangsläufig war.

Solange die Gleichberechtigung der Frau nicht von allen verinnerlicht ist, werden Frauen ausgebeutet, und sie werden sich ausbeuten lassen. Die sexuelle Ausbeutung und Vermarktung ist dabei nur eine von vielen Möglichkeiten. Die Ursache für Pornoshops liegt viel mehr im Patriarchat als im Verfall der Sitten. Ich könnte auch sagen: Die Ursache für Pornoshops liegt nicht im Verfall der Sitten, sie liegt vielmehr im Patriarchat.

Weil es aber so lange dauert, bis das Alte, das so lange gültig war, dem Neuen Platz gemacht hat, ist es wichtig zu berichten, wie das damals war. Wegen der Zusammenhänge.

1 Karlheinz Graudenz und Erica Pappritz, Etikette neu, Südwest Verlag München 1965/66 (7. völlig neu bearbeitete Auflage), S. 94 und 96 f.
2 Bundestagsabgeordneter Dr. Dehler, in: Protokoll der 15. Sitzung des 2. Deutschen Bundestags vom 12. 2. 1954, S. 483
3 Rolf Fröhner, Maria von Stackelberg, Wolfgang Eser, Familie und Ehe. Probleme in den deutschen Familien der Gegenwart, Maria von Stackelberg Verlag Bielefeld 1956, S. 34 f.
4 Gertrude Reidick, a.a.O., S. 73
5 Günther Beitzke, »Gleichheit von Mann und Frau«, in: Franz Neumann, Hans-Carl Nipperdey, Ulrich Scheuner (Hg.), Die Grundrechte – Handbuch der Theorie und Praxis der Grundrechte, Duncker & Humboldt, Berlin 1954, S. 199–242